Guía completa
del cultivo de las fresas

P. G. Bianchi

GUÍA COMPLETA DEL CULTIVO DE LAS FRESAS

dve
PUBLISHING

A pesar de haber puesto el máximo cuidado en la redacción de esta obra, el autor o el editor no pueden en modo alguno responsabilizarse por las informaciones (fórmulas, recetas, técnicas, etc.) vertidas en el texto. Se aconseja, en el caso de problemas específicos —a menudo únicos— de cada lector en particular, que se consulte con una persona cualificada para obtener las informaciones más completas, más exactas y lo más actualizadas posible. EDITORIAL DE VECCHI, S. A. U.

© Editorial De Vecchi, S. A. 2018
© [2018] Confidential Concepts International Ltd., Ireland
Subsidiary company of Confidential Concepts Inc, USA
ISBN: 978-1-64461-158-6

Impreso bajo demanda gestionado por Bibliomanager

ÍNDICE

ASPECTOS GENERALES

Origen y expansión actual

La fresa es una planta herbácea perteneciente a la familia de las rosáceas y al género *Fragaria.*

Aunque hay numerosas especies en toda Europa en estado silvestre (entre ellas la *Fragaria vesca*, la fresa común silvestre y la *Fragaria viridis*), las más extendidas que se cultivan actualmente derivan de un cruce espontáneo de dos especies, la *Fragaria virginiana* y la *Fragaria chiloensis*, importadas entre los siglos XVII y XVIII del Nuevo Continente.

En el siglo XIV, las propiedades medicinales de la fresa ya se conocían, si bien al principio sólo se cultivaba con fines decorativos; la llegada de las especies americanas determinó su propagación en Europa como planta de frutos.

La experimentación en el sector agrícola se orienta hacia la consecución de técnicas de cultivo que permitan reducir cada vez más los costes de producción y, en el sector de la mejora vegetal, hacia la obtención de especies cultivadas resistentes a las enfermedades y capaces de ofrecer un rendimiento elevado y caracterizado por la calidad gustativa del producto.

Características morfológicas

En el corto tallo subterráneo de la fresa, el rizoma, se articulan las hojas dispuestas en rosetas; estas presentan un pequeño pie (pedúnculo) largo y pubescente, provisto en la base de dos estípulas, unas laminillas trifoliadas cuyos folíolos redondeados tienen el borde dentado.

Del rizoma brotan los estolones, unas ramas flexibles y largas que reptan por el suelo. El sistema radical es fasciculado y muy superficial.

Las flores se reúnen en inflorescencias. Las ramas de fructificación, que se distinguen en otoño, desarrollan inflorescencias con tallos florales muy numerosos. En cambio, las ramas de fructificación que se distinguen en primavera producen inflorescencias con tallos pedunculares y tallos secundarios, cortos y poco numerosos.

Las partes terminales de los pedúnculos se denominan receptáculos; aquí se insertan, en espirales, varios pistilos que

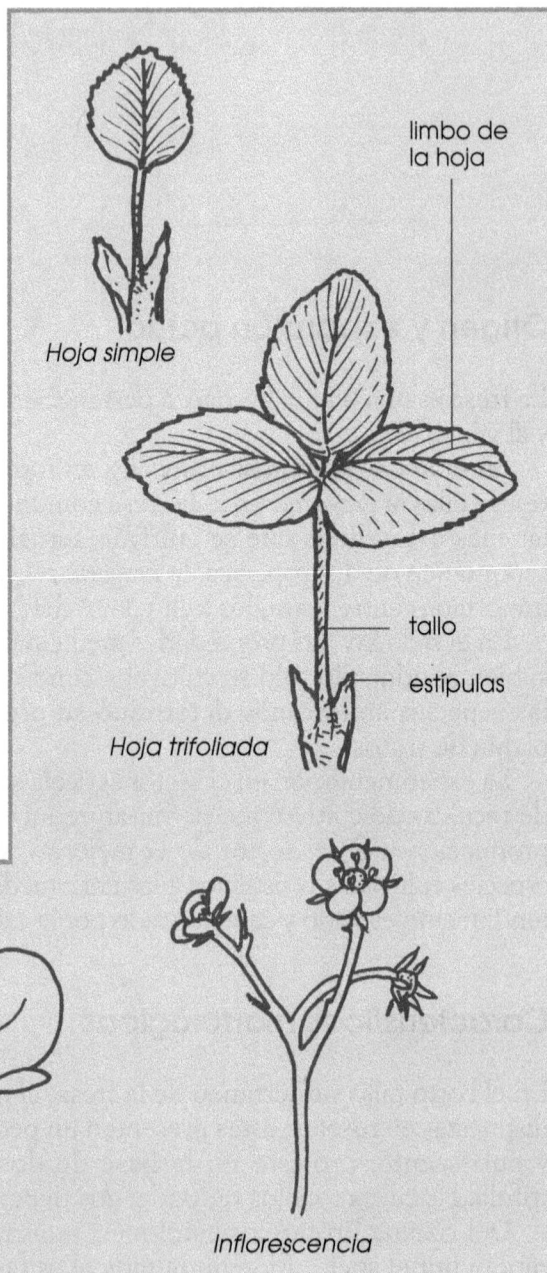

Hoja simple

limbo de la hoja

tallo

estípulas

Hoja trifoliada

Flor hermafrodita en copa

Inflorescencia

constituyen el gineceo. El androceo, en cambio, está constituido por estambres filamentosos y cortos.

La flor se completa con dos cálices y una corola de pétalos blancos, y cada uno de ellos posee cinco elementos. La parte comestible de la fresa se produce por el engrosamiento del receptáculo activado por la fecundación y de hecho es un fruto falso. En la superficie se desarrollan, a partir de cada pistilo, los aquenios, frutos secos, de dimensiones siempre mínimas.

La fecundación de los pistilos es imprescindible para que se produzca el engrosamiento de la parte del receptáculo que le corresponde. De no ser así, los frutos son deformes y de pequeñas dimensiones.

Fases vegetativas y reproductivas

La fresa es una planta vivaz, pero en condiciones de cultivo normal no suele durar más de tres o cuatro años. Debido a las exigencias de la producción, su longevidad se reduce incluso a un año.

A continuación describiremos el ciclo, a partir de la germinación, que, de hecho, sólo se produce en aquellos casos en que los procedimientos de mejora genética requieren la reproducción por semillas.

La germinación de la semilla, en condiciones favorables de temperatura y humedad, se lleva a cabo en diez o doce días. Esta se inicia con la formación de dos cotiledones de forma redondeada seguida de la aparición de una hojita simple.

En una segunda fase salen las primeras hojas trifoliadas que al principio presentan un borde ligeramente dentado. Paulatinamente aparecen hojas nuevas con la forma característica.

El rizoma se convierte en el centro del desarrollo de donde parten las hojas, inflorescencias, estolones y el sistema radical. Durante el periodo de descanso vegetativo, la planta se alimenta de las reservas presentes en el rizoma y vuelve a crecer a una temperatura media superior a 6 °C, con algunas diferencias según la variedad cultivada. La actividad vuelve a iniciarse con la aparición de nuevos brotes y raíces.

A medida que aparecen los nuevos brotes, la parte más profunda del rizoma muere y con ella las raíces que lo alimentan; así se obtiene una revigorización del centro de crecimiento.

9

En las variedades más extendidas, la diferenciación floral se produce en otoño, cuando los días son cortos.

En otras, como por ejemplo la *Red gauntlet*, se pueden distinguir las ramas de flores incluso en primavera, cuando los días aún son cortos, pero la temperatura es suficientemente elevada.

Las variedades de floración repetitiva y aquellas de *días neutros* representan, como veremos en el apartado dedicado al fotoperiodo, situaciones específicas.

El alargamiento de los pedúnculos anuncia el completo desarrollo de la flor. La fresa es una especie autofértil; la fecundación es indistintamente entomófila[1] y anemófila[2].

Las bajas temperaturas y la elevada humedad del aire son el mayor obstáculo para una adecuada polinización. Después de la fecundación da comienzo el engrosamiento del receptáculo que conduce a la formación del fruto. Tras haber fructificado, las ramas desarrollan estolones de cuyos nudos brotan hojas y raíces que constituyen así una nueva planta. El número de estolones producidos por cada planta varía según las diferentes variedades cultivadas; algunas de ellas pueden producir más de cien en una temporada, mientras que otras sólo producen uno o ninguno.

Exigencias y adaptación al medio

Conocer las exigencias del entorno es imprescindible para el éxito cuantitativo y cualitativo y, en consecuencia, económico del cultivo.

El suelo

La mayor parte de las variedades de fresales requieren un suelo de tendencia ácida (pH óptimo: 5,5-6,5) aunque hay algunas como la *Bel Ruby* y la *Pochaontas* que toleran el suelo calcáreo.

1. *Entomófilo:* término botánico que se aplica a una planta cuya polinización se hace a través de insectos.

2. *Anémofilo:* término botánico relativo a la polinización de las plantas asegurada por mediación del aire.

Muy exigente en cuanto a las características físicas, la fresa requiere un suelo de tendencia blanda, con una buena estructura y profundo, debido a la escasa fuerza de penetración de su aparato radical. Los mejores resultados en cultivo se obtienen en suelos silico-arcillosos con una abundante capa de humus.

Es conveniente, en la medida de lo posible, evitar los suelos compactos propicios a los estancamientos de agua y con una oxigenación escasa, donde la actividad de enraizamiento se revela limitada y se ve favorecida la podredumbre de las raíces.

El fotoperiodo

El fotoperiodo, en relación con el termoperiodo, determina la inducción de la floración y por lo tanto el comportamiento productivo y el área de difusión de las variedades.

Las principales variedades cultivadas son de día corto y en nuestro clima, sus embriones florales se distinguen en otoño; no vuelven a florecer o tienen una sola floración.

Otras variedades cultivadas son, por el contrario, de día largo y presentan sus ramas de flores en el transcurso del verano; su floración es repetitiva y se obtiene una producción que se prolonga a lo largo del año. En general se cultivan muy poco, salvo en los huertos familiares, debido a las dificultades que presentan para su producción.

Estas forman un número de estolones muy reducido, lo que impone recurrir al complejo recurso de la propagación por esquejes de las cepas. Además, a lo largo de los meses más cálidos, debido a los defectos de fecundación, se advierte un gran porcentaje de frutos mal formados.

Un tercer grupo de variedades constituido recientemente es insensible al fotoperiodo: son las variedades llamadas de días neutros.

La diferenciación floral está determinada exclusivamente por la temperatura. Por esto, tomando las precauciones adecuadas, es posible obtener una producción continuada durante todo el año.

Cuando la adopción de estas variedades se haya generalizado, estas permitirán ampliar el área de cultivo a latitudes más bajas —caracterizadas por inviernos moderados—, economizar energía y reducir el coste de producción.

Las exigencias térmicas

Aunque las exigencias térmicas oscilan según las variedades, la fresa puede considerarse una especie microtérmica, es decir que tolera temperaturas muy bajas durante su descanso vegetativo.

En el transcurso de este periodo, que se inicia con temperaturas inferiores a 6 ºC, la planta satisface sus propios requerimientos de frío que necesita para interrumpir la dormición o letargo de las ramas. Durante la fase vegetativa, la temperatura óptima es de 20 ºC aproximadamente de día y 12 ºC de noche, si bien el retorno del frío se tolera sin sufrir daños. Las exigencias térmicas durante la fase de floración y maduración que se desarrollan de forma siempre óptima a 25-26 ºC son notables; las bajas temperaturas (menos de 2 ºC) y las excesivas (más de 34 ºC) provocan la desvitalización del polen, el aborto floral y la malformación de los frutos.

Mejora genética y variedades

El avance de los resultados productivos del cultivo debe atribuirse tanto a la innovación de las técnicas de cultivo como a la mejora genética. Los estudios experimentales del cultivo moderno de la fresa se orientan a estos dos ámbitos. La mejora genética debe estar corroborada por los conocimientos morfológicos, así como por el conocimiento hereditario de la especie y, al mismo tiempo, tener presente siempre las exigencias del cultivo y del mercado. Los éxitos más duraderos derivan de una perfecta adecuación entre el patrimonio genético, la adaptación al entorno y el cuidado del cultivo.

Objetivos de la mejora genética

Los objetivos de los programas de mejora de la fresa que se están realizando en diversos centros de investigación son muy variados. Algunos pueden considerarse generales, ya que se aprecian en todas las variedades, mientras que otros son específicos, ya que se orientan a resolver un problema de cultivo específico.

Entre los objetivos generales de calidad, debemos recordar la perfección de la flor, así como la aptitud para la polinización, ambas determinantes para una buena fecundación y por lo tanto para la formación idónea del fruto.

Las características del fruto que permiten apreciar la variedad son indudablemente un gran tamaño, un color siempre brillante, una pulpa consistente, un buen sabor y una buena resistencia al proceso de manipulación.

Entre los objetivos de los programas específicos de mejora, figura la resistencia a los principales agentes patógenos. Actualmente existen variedades poco propensas a padecer el ataque de *Botrytis*, oídio, *Verticillium* y *Phytophtora*. Otros programas apuntan a obtener cierta resistencia a las adversidades climáticas (en particular a los fríos tardíos) y a los suelos calcáreos.

El periodo de maduración, por su parte, es un factor muy estudiado. Las variedades interesantes son las que se distinguen, ya sea por su precocidad o por su carácter tardío. En efecto, la influencia que pueden ejercer los días previos a la maduración en relación a la media es evidente en lo que respecta a los precios en el mercado. De ahí la importancia de obtener un calendario de cosecha más amplio.

Métodos utilizados para mejorar las variedades

El hecho de que el comportamiento genético de la fresa sea muy complejo origina también que los programas de mejora de este tipo sean largos y difíciles. Cabe atribuir esta complejidad a las diversas combinaciones cromosómicas de las especies de donde proceden las variedades actuales y a los mecanismos de control genético de los principales caracteres hereditarios.

Entre los métodos utilizados para la mejora genética de la fresa predominan el cruce de variedades o de especies diversas y la paulatina selección de las semillas.

El cruce es el mejor método para obtener la variabilidad necesaria, dado que, a causa de la gran estabilidad genética, las mutaciones se limitan a un porcentaje muy bajo. Los cruces se efectúan entre variedades cultivadas en invernaderos, en un ambiente controlado. Las flores de las plantas portadoras de semilla se emasculan pocos días antes de la floración. Simultáneamente se procede a la cosecha de las anteras de las plantas polinizadoras; es posible incluso utilizar el polen conservado a – 20 ºC. La polinización de los pistilos se realiza con un pincel y se repite en un periodo de veinticuatro horas. Cuando el cuajado ha tenido lugar, se espera la maduración de los aquenios que se siembran en invernadero el otoño siguiente.

Las plantitas germinadas a partir de la semilla así obtenida se seleccionan y se evalúan en función de los aspectos establecidos previamente por cada programa de mejora y posteriormente estas se comparan en entornos ambientales diferentes con las variedades ya conocidas.

Al final del programa, se seleccionan las mejores y se destinan a la multiplicación para convertirse en las nuevas especies cultivadas.

Clasificación de las variedades en función de la época de maduración

Ya hemos visto la distinción existente entre las variedades que vuelven a florecer y aquellas que no vuelven a florecer. Igualmente es muy importante el criterio de la época de maduración, un aspecto que varía con las condiciones del cultivo y la zona de plantación.

Así podemos distinguir:

— las variedades muy precoces que maduran en el campo en el sudoeste, en el transcurso de la primera década de mayo;
— las variedades medianamente precoces (como *Bel Ruby* y *Elsanta*) que maduran hacia mediados de mayo;
— las variedades medianamente tardías;
— las variedades adaptadas a las zonas de colinas altas.

Clasificación de las variedades según el criterio del destino del producto

El destino del producto es un indicador importante que debe guiar la elección de la variedad que se va a plantar. En efecto, la calidad de una variedad cultivada para el consumo del producto fresco es distinta de la que exige una variedad destinada a la transformación industrial. Algunas especies cultivadas se adaptan particularmente bien a la transformación debido a que su rabillo se desprende con facilidad, y a que poseen una pulpa roja, consistente y resistente a la manipulación.

No obstante, en ocasiones se destinan a la transformación los frutos obtenidos durante las últimas cosechas (sin distinción de variedades) que, por su tamaño, no satisfacen las exigencias para el consumo.

Las variedades más extendidas

El sector ha experimentado una transformación profunda en el transcurso de los veinte últimos años debido a los cambios propios del cultivo de la fresa, a la propagación de los cultivos protegidos y al desarrollo del cultivo en Andalucía, sobre todo en Huelva (donde se produce el99 % de las fresas y fresones españoles) y en Málaga.

Para seleccionar las variedades y optimizar las técnicas de cultivo se siguen las directrices que se desarrollan en California y los estudios elaborados en la Universidad de Davis.

Aquellas que han demostrado adecuarse en mayor grado a las condiciones españolas son la *Pajaro*, la *Douglas* y la *Chandler*, muy apropiadas para la producción temprana y además producen fruta de una gran calidad. En Galicia, por otra parte, es más frecuente el cultivo de la variedad *Selva*.

PRODUCCIÓN DE FRESA Y FRESÓN EN ESPAÑA 1995				
Provincia o C.A.	Rendimiento (kg/ha)	Secano	Producción (t) Aire libre	Invernadero
Galicia	13.536	30.958	17.478	8.232
Cataluña	6.750	15.198	29.256	14.609
C. Valenciana	—	29.636	34.346	4.805
Andalucía	—	10.868	38.481	255.205

15

Estas son las zonas donde la producción de fresa y fresón es más importante; en el conjunto del país se producen unas 287.500 toneladas al año, de las que algo más de 100.000 se dedican a la exportación. Por lo tanto, España posee una gran estructura productiva y comercial. El 90 % va destinado a la UE. Hasta hace unos años la UE compraba la fresa y el fresón a otros países, como Italia; sin embargo, por precocidad y calidad se ha impuesto la fruta española.

A continuación exponemos brevemente las características más representativas de las variedades más extendidas y las más interesantes.

Bel Ruby

Creada en Francia, se ha adaptado al cultivo al aire libre en el sur.

La maduración se inicia cuatro o cinco días después que la de la *Gorella*. Su cosecha es más escalonada.

Planta muy vigorosa y densa, presenta un porte erguido; tolera bien el suelo alcalino, aunque es sensible al oidio.

Es muy productiva. Los frutos, de un grosor medio, tienden a disminuir de tamaño después de la primera cosecha; su color es de un rojo brillante intenso, su forma cónica y alargada, y bastante regular.

La pulpa posee buenas características al paladar (dulce-amarga, jugosa). Es la mejor especie cultivada para la congelación de los frutos.

Chandler

Representa el 80 % de las variedades de fresa cultivada en Huelva. Es la que tiene un periodo de producción más largo. Además proporciona la fruta de mayor calidad, sin huecos, de color más vivo y brillante, así como una forma mejor acabada que la variedad *Douglas*.

Douglas

Más precoz que la anterior, representa el 20 % de las fresas cultivadas en Huelva.

Favette

Variedad que cada vez se utiliza más en la Comunidad Valenciana. Muy precoz, se ha adaptado al cultivo protegido y puede mantenerse al aire libre en aquellos lugares que poseen un clima más cálido. Su rendimiento es relativamente bueno, pero bastante irregular. Tolera bien el transporte.

Planta de porte semierguido y vegetación media. Los primeros frutos son bastante grandes, de reniformes a forma circular, tienen un color rojo brillante con los aquenios salientes. Los frutos secundarios poseen una forma cónica con la punta redondeada.

Su carne roja, jugosa y compacta es medianamente azucarada y acidulada. Buena calidad al paladar.

Gariguette

Sus frutos, de muy buena calidad al paladar, son los más apreciados por el consumidor. De forma cónica y alargada, son regulares y de grosor medio. Tiene un color rojo grosella muy brillante. Su carne compacta, jugosa y acidulada le confiere una buena aptitud para el transporte y la conservación. Su único defecto es que a menudo sus cálices elevados dificultan la recolección.

De producción media, salvo en los suelos que se calientan con rapidez; exige obligatoriamente un riego por goteo. Es sensible a la clorosis férrica.

Elsanta

Obtención nueva de origen holandés de mediados de temporada, más tardía que la *Gorella* pero con un rendimiento y una calidad al paladar superiores a ella. Se encuentra en plena expansión.

Su calibre es regular hasta el final de la cosecha; se transporta mejor que esta última. Su cosecha es escalonada y se adapta bien a la exportación.

Aunque resiste bien al oidio, es sensible al *Verticillium* y a la *Phytophtora cactorum.*

17

Pajaro

Es una fresa temprana que se cultiva en Cataluña, Comunidad Valenciana y Andalucía. Su producción asciende a unas 6.000 toneladas al año aproximadamente. Se recolecta desde finales de marzo hasta finales de mayo. Su calidad al paladar es buena (pulpa sabrosa y muy azucarada).

Selva

La producción de esta variedad representa un elevado porcentaje de la producción de Galicia.

Es una fresa pequeña y compacta y su cosecha es muy tardía (hasta el otoño).

Mara silvestre

De tamaño mediano, la *Mara silvestre* es una fresa con una calidad al gusto semejante a la de la fresa silvestre. Se recolecta sobre todo desde julio hasta finales de agosto.

Seascape

Es una variedad completamente nueva. Esta fresa se cultiva sobre todo por su calidad en la preparación de postres.

Multiplicación

La utilización de material de multiplicación de alta calidad es uno de los factores que determinan el éxito del cultivo, teniendo en cuenta especialmente la brevedad del ciclo productivo y el elevado número de plantas necesarias para efectuar la instalación. En España, las plantas con certificado están producidas por los establecimientos autorizados bajo control del SOIVRE (Servicio Oficial de Control dependiente del

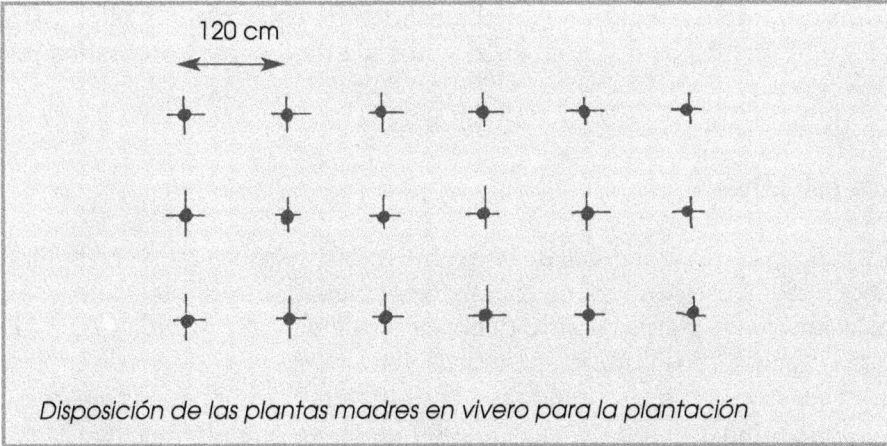

120 cm

Disposición de las plantas madres en vivero para la plantación

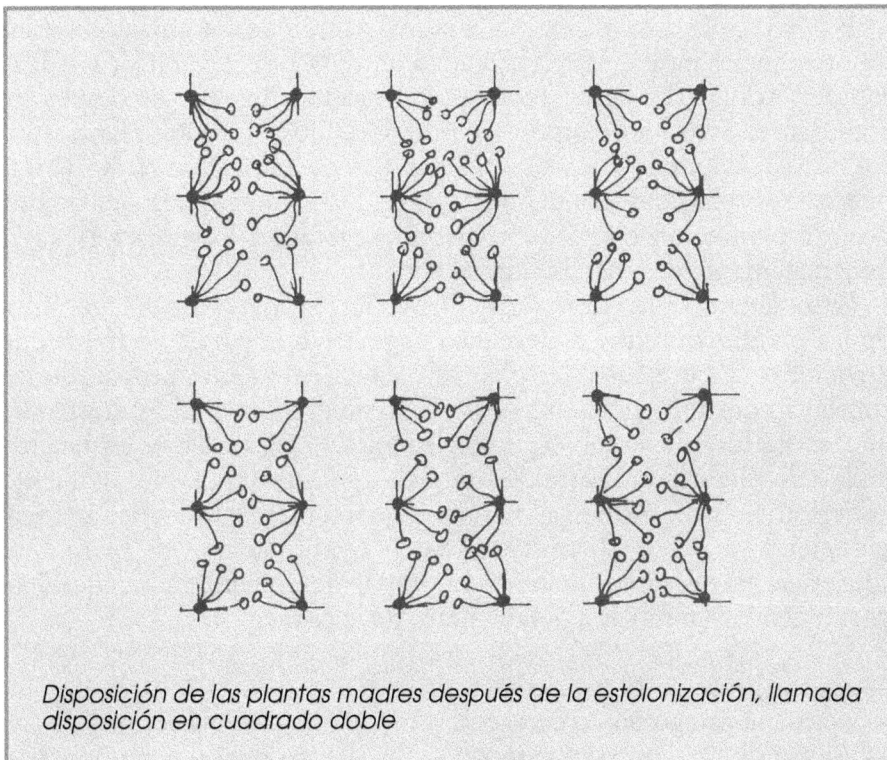

Disposición de las plantas madres después de la estolonización, llamada disposición en cuadrado doble

Ministerio de Agricultura). La alta calidad de estas plantas se certifica con un precinto azul visible en el embalaje de los lotes aceptados por el SOIVRE.

Los estolones

La propagación tradicional de las plantas consiste sobre todo en explotar la capacidad estolonífera de las especies cultivadas más importantes. La elección de las plantas madre debe ser particularmente cuidadosa en lo que respecta a los criterios genéticos y sanitarios, y se aconseja utilizar aquellas que han sido sometidas a la termoterapia, llamada *super-elite.*

Se plantan a razón de unas 25.000 hasta 85.000 plantas madre por hectárea. La instalación se realiza a finales del invierno en el centro y en otoño en el sur.

En vivero, la estolonización está favorecida por la ablación de las inflorescencias para evitar la rivalidad entre la fase vegetativa y la fase reproductora. Con esta técnica, la producción de estolones es abundante. Se obtiene una media de 500.000 a 600.000 plantas por hectárea y, en algunos casos, incluso más de un millón. Las plantas pueden ser recogidas manualmente el verano siguiente después de una fase de plantación en plena actividad vegetativa (plantas frescas) e inmediatamente destinadas al trasplante.

Otro sistema (más empleado actualmente) prevé la cosecha mecánica de las plantas durante el descanso vegetativo, a partir de finales de noviembre. Es ese caso, las plantas convenientemente preparadas se conservan por refrigeración a – 20 ºC hasta el momento del trasplante que se produce el verano siguiente. Antes de envasarlas, se les efectúa un lavado que elimina parte de su follaje y se someten a un tratamiento anticriptogámico. Además, se aconseja recortar el sistema radical reduciéndolo a 7 o 10 centímetros. A continuación, las plantas se conservan en pequeños manojos en bolsas de polivinilo y se clasifican por categorías en función del diámetro de la corona:

— «extra», más de 10 o 12 centímetros;
— «primera categoría», o categoría «A», de 8 a 12 centímetros;
— «segunda categoría», o categoría «B», menos de 7 u 8 centímetros.

La siembra

Como hemos especificado anteriormente, la reproducción por semillas sólo se realiza con el fin de obtener una mejora genética; en efecto, en un vivero este sistema no se emplea, en la medida en que, a causa del nivel elevado de la heterogeneidad del patrimonio genético de todas las especies cultivadas, la descendencia no conserva una homogeneidad suficiente.

Los brotes

Las especies cultivadas que no producen estolones se pueden multiplicar mediante la división de las cepas. El amacollamiento de las plantas madre, necesario para esta operación, está estimulado por el riego frecuente y por abundante abono nitrogenado. La nueva planta se obtiene en otoño, separando una parte del rizoma de las plantas madre provisto ya de raíces.

Este sistema produce una tasa de multiplicación considerablemente inferior al que puede obtenerse con especies cultivadas dotadas de una capacidad de estolonización elevada.

La micropropagación

La micropropagación es una técnica que consiste en la multiplicación *in vitro* del material extraído del ápice vegetativo de una planta madre.

En condiciones favorables, a partir de la multiplicación de unas células en probeta, en un mes se obtienen entre diez y veinte brotes de características absolutamente idénticas a las del material inicial. Una parte de estos brotes se somete de nuevo a la multiplicación, y de esta manera, se obtiene un crecimiento extraordinario de los individuos procedentes del mismo meristema inicial, mientras que el resto se coloca por separado en un substrato adecuado para que arraiguen. Así, el enraizamiento de las plántulas produce en tres o cuatro semanas plantas llamadas *super-elite* (o F_0) que después se colocan en la turba durante cuarenta días para la fase de aclimatación en invernadero.

Posteriormente, las *super-elite* se plantan, siempre en invernaderos climatizados, para la siguiente estolonización, de donde se obtienen nuevas plantas llamadas de elite F_1.

La última fase consiste en la multiplicación posterior, esta vez en pleno campo, que da, siempre por estolonización, las plantas llamadas de elite F_2 que están destinadas a la producción.

Durante las fases de estolonización, es necesario vigilar particularmente el estado fisiosanitario del cultivo (practicando fumigaciones en el suelo y aplicando tratamientos en el cultivo) y eliminar las plantas que presentan variaciones fenotípicas en relación a la planta madre.

La micropropagación se traduce en una importante capacidad de multiplicación y la conservación del estado sanitario de la planta de donde se ha extraído el meristema apical.

Para evitar algunos de los inconvenientes que se presentan en los primeros años de la aplicación de esta técnica, es necesario excluir el empleo de plantas micropropagadas después de una única multiplicación al aire libre y con más razón aún después de la única fase *in vitro*. En efecto, estas plantas ya no son estoloníferas y tienden a producir plantas más numerosas y más pequeñas. Además, en algunos casos, manifiestan una escasa estabilidad de sus caracteres, debido a las variaciones epigenéticas que pueden producirse en su citoplasma durante la fase *in vitro*. Precisamente para evitar este inconveniente, es oportuno limitar el número de ejemplares obtenidos a partir de una sola planta en dos años a 200.000 aproximadamente, y sobre todo dar su justa importancia a la multiplicación en vivero, con objeto de poner a disposición de los agricultores plantas ya adaptadas a las condiciones de los campos de cultivo.

TÉCNICAS DE CULTIVO

Una buena técnica de cultivo apunta hacia la predisposición y mantenimiento de las condiciones agronómicas óptimas, desde el punto de vista geográfico, nutricional e hídrico con el fin de obtener los mejores resultados productivos.

Sólo se puede obtener una reducción considerable del coste de producción —objetivo del cultivo moderno de la fresa— con la adopción de técnicas de un cultivo racional.

Rotación y acondicionamiento del suelo

La fresa es muy sensible al agotamiento del suelo; por este motivo es preferible no replantar en la misma parcela antes de un periodo de 4 o 5 años; este cultivo no debe sucederse a sí mismo, o en ese caso es necesario tomar las precauciones oportunas.

No obstante, la brevedad del ciclo de cultivo y las dimensiones reducidas de buena parte de las explotaciones especializadas puede favorecer la plantación de fresas a corto plazo en el mismo suelo; en estas circunstancias, hay que abonarlo.

En el pasado, un fresal a menudo se perpetuaba tres o cuatro años, aunque en el último periodo se observaban reducciones cualitativas y cuantitativas de la producción debido sobre todo a motivos fitopatológicos.

Actualmente, aunque las plantaciones de tipo tradicional no hayan desaparecido por completo, el cultivo anual con plantación estival de las plantas conservadas por refrigeración es frecuente.

A veces es necesario o al menos preferible mantener activo el cultivo durante dos años consecutivos. Este es el caso de los fresales situados en zonas de colinas, donde se puede obtener una producción elevada y sana incluso el segundo año. De la misma forma, cuando es imposible efectuar la plantación estival a causa de un retraso en el cultivo anterior a las fresas en la sucesión, o debido también a la imposibilidad de riego, debe mantenerse el fresal durante dos años.

El cultivo de la fresa requiere una cuidadosa preparación del suelo. Después del arado tradicional practicado como máximo a 30 o 45 centímetros de profundidad, seguido de un enérgico rastrillado o gradeo, se prepara el suelo formando tablas.

A este acondicionamiento sigue la eliminación de las aguas en exceso del estrato explorado por las raíces y un aumento de la temperatura del suelo. Las tablas deben mantener un desnivel de 15 a 20 centímetros en relación con el fondo del surco y una amplitud de 60, 80 hasta 100 centímetros según el tipo de sistema de plantación adoptado.

La red de surcos de la parcela debe estar bien cuidada igualmente, de forma que se eviten los estancamientos de agua, aunque sean escasos.

Si no transcurre un periodo de tiempo suficiente entre la preparación de las tablas y la cobertura de paja del suelo, se aconseja efectuar un rulado para asegurar un conveniente apisonamiento del mismo.

La plantación

La técnica de plantación es particularmente importante en el cultivo de la fresa, a causa de la brevedad del ciclo productor y del coste elevado que requiere. De ahí la necesidad de actuar correctamente en esta fase, sobre todo para asegurar el emplazamiento óptimo del cultivo.

La época

La época de plantación tiene una gran influencia sobre la productividad de la fresa; en consecuencia, es particularmente importante determinar el periodo más apto para efectuarla.

La época queda determinada por diversos factores: tipo de cultivo, planta empleada (fresca o conservada por refrigeración), rotación donde se incluye el cultivo y especie cultivada escogida previamente.

La plantación de tipo tradicional se realizaba en otoño o a comienzos de la primavera, periodos en que las condiciones ambientales resultan óptimas para el buen enraizamiento de las plantas. Actualmente, la necesidad de acortar la duración entre la plantación y la recolección impone iniciar el cultivo en verano. Es cierto que en esta estación las dificultades de enraizamiento son mayores para las plantas jóvenes, lo cual exige una asistencia particular, sobre todo desde el punto de vista hídrico.

En Galicia y Cataluña, para las plantas conservadas por refrigeración y destinadas a la producción primaveral, el periodo de plantación recomendado se sitúa generalmente entre el 15 de junio y el 15 de julio. Por el contrario, en las tierras cálidas del sur es preferible plantar los fresales conservados mediante refrigeración durante la segunda quincena de julio o a comienzos de agosto.

Si queremos obtener una producción otoñal, la

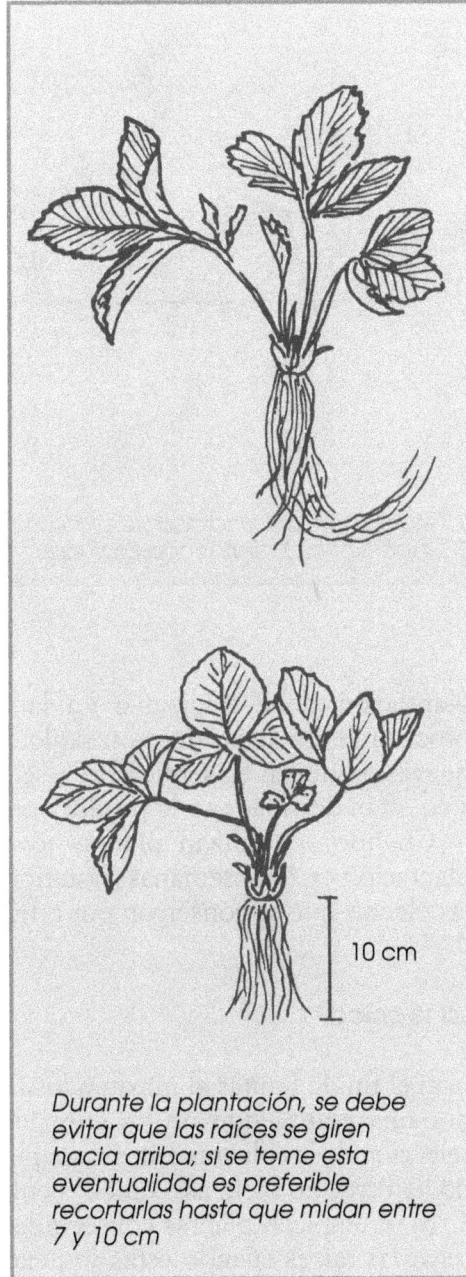

Durante la plantación, se debe evitar que las raíces se giren hacia arriba; si se teme esta eventualidad es preferible recortarlas hasta que midan entre 7 y 10 cm

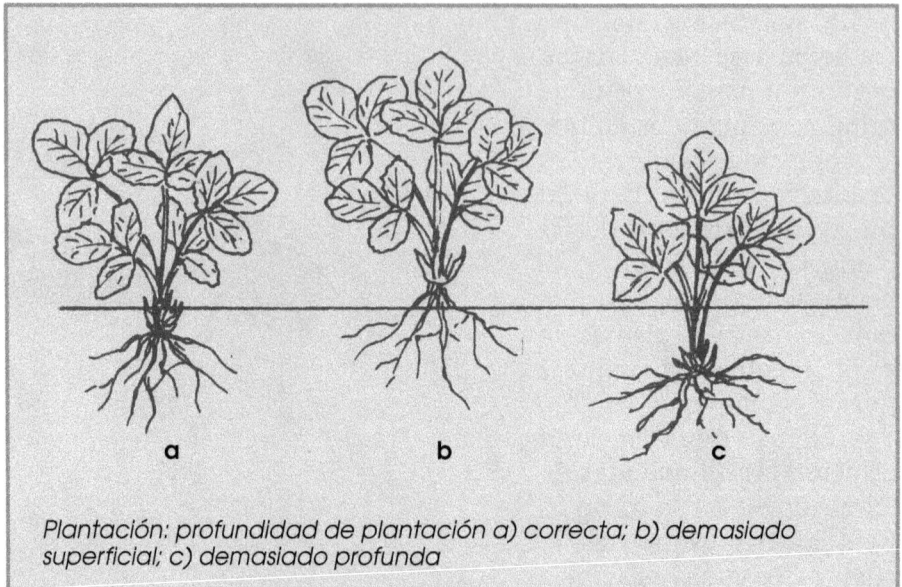

Plantación: profundidad de plantación a) correcta; b) demasiado superficial; c) demasiado profunda

plantación debe realizarse en la segunda mitad de agosto. Este procedimiento de producción explota la floración natural que las plantas nuevas producen en septiembre y se elimina en aquellos ejemplares que sólo están destinados a la producción primaveral.

Cuando se utilizan plantas jóvenes, el periodo óptimo para la plantación es 2 o 3 semanas posterior, en relación a la que se indica para las plantas que se conservan por refrigeración.

La técnica

Con el fin de limitar al máximo los fallos (es decir, los espacios creados por una planta que no ha enraizado), es conveniente realizar una selección de las plantas antes de la plantación para eliminar aquellas que no han crecido bien, así como las enfermas y las dañadas.

Si se emplean plantas conservadas por refrigeración, es conveniente regar las raíces cuando estas son excesivamente largas y cuando no es seguro que puedan extenderse bien hacia abajo. Por lo demás, esta operación puede realizarse antes de someter las plantas a una conservación frigorífica.

Se debe realizar la plantación con esmero, asegurándose sobre todo de que las plantas se encuentren colocadas de forma que tengan el cuello de la raíz a nivel del suelo y disponerlas de manera que las raíces estén bien alargadas hacia abajo, puesto que tanto un enterrado excesivo como una excesiva proximidad de la superficie pueden constituir un obstáculo e incluso perjudicar el enraizamiento. En efecto, en el primer caso, el brote puede pudrirse, por encontrarse demasiado enterrado, y en el segundo, este puede ser desalojado por el agua, sobre todo si el suelo no está suficientemente compactado.

Para facilitar la costosa operación de la plantación de fresas, existen máquinas capaces de erigir simultáneamente los montículos, disponer el tubo flexible para el riego, realizar la cobertura del suelo y plantar las plantas. Estas máquinas semiportátiles, adaptadas a parcelas de grandes dimensiones, requieren una minuciosa preparación del suelo; pueden emplearse en plantaciones de gran densidad con plantas *frigo* desprovistas de parte de sus hojas y bien limpias de los residuos de tierra que pueda haber en las raíces. El equipo de trabajo, que es de seis personas (una sirve de guía al tractor, otra se encarga de la regulación de la máquina, dos del abastecimiento y dos de rectificar las irregularidades), permite una reducción del empleo de mano de obra superior a un 60 %, en relación con la que se necesita para la realización manual de estas mismas operaciones.

Medidas de plantación y densidad

La densidad y la distancia entre las fresas dependen de diversos factores, como son la época de plantación, el vigor de las plantas y las condiciones de fertilidad del suelo.

Generalmente la plantación se realiza por hileras dobles (no equidistantes), pero a veces se prefiere la de las hileras simples que presenta las ventajas de un desalojo más escaso del exceso de agua, un microclima más seco para la planta, y frutos más evidentes en el momento de la recolección.

En el primer caso, las medidas adoptadas se sitúan de los 30 a 50 centímetros entre hileras de doble fila, de 20 a 35 centímetros de longitud de la fila y de 70 a 80 centímetros entre las filas de dos hileras dobles contiguas.

La densidad de la plantación que resulta así es de unas 50.000 plantas por hectárea.

En el caso en que se adoptara la plantación por hileras simples, las medidas más frecuentes son de 90 centímetros por 20, lo que equivale a unas 56.000 plantas por hectárea.

Esta densidad puede alcanzar las 70.000 plantas por hectárea en las plantaciones retrasadas bajo un pequeño túnel.

Por último, debemos señalar que, en cultivo en invernadero, la densidad de 90 × 20 puede sobrepasar la producción de 80.000 plantas.

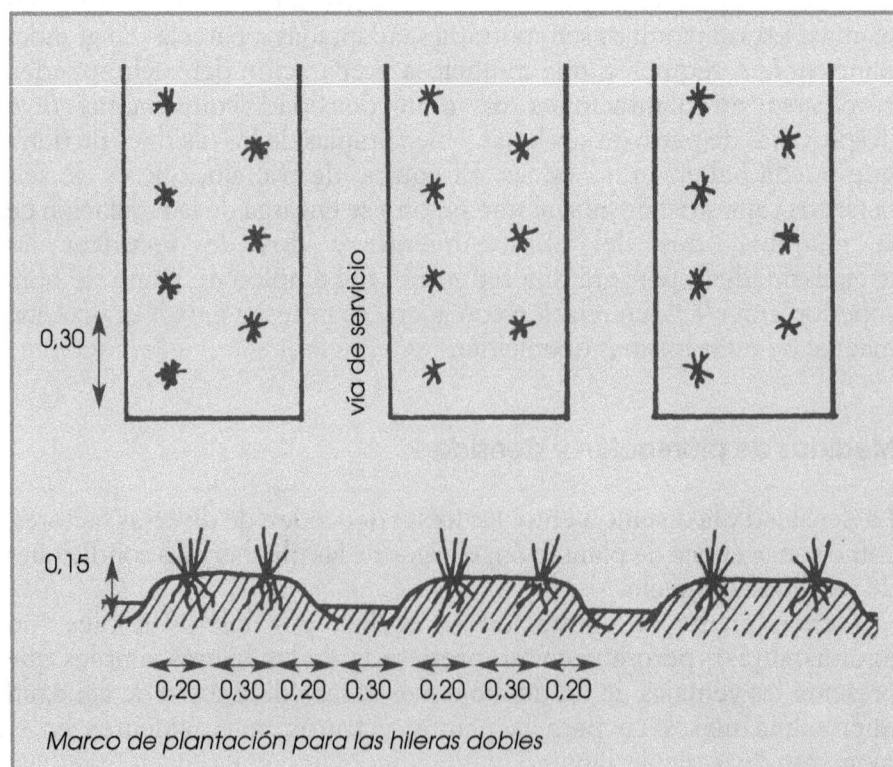

Marco de plantación para las hileras dobles

La fertilización

La fresa es una especie muy exigente en materia de sustancias nutritivas.

Prueba de ello son los índices cuantitativos extraídos (kg/ha) del cultivo que figuran entre los más elevados de todas las especies hortofrutícolas.

Nitrógeno	Anhídrido fosfórico	Óxido potásico	Óxido cálcico
80-150	50-100	100-200	60-80

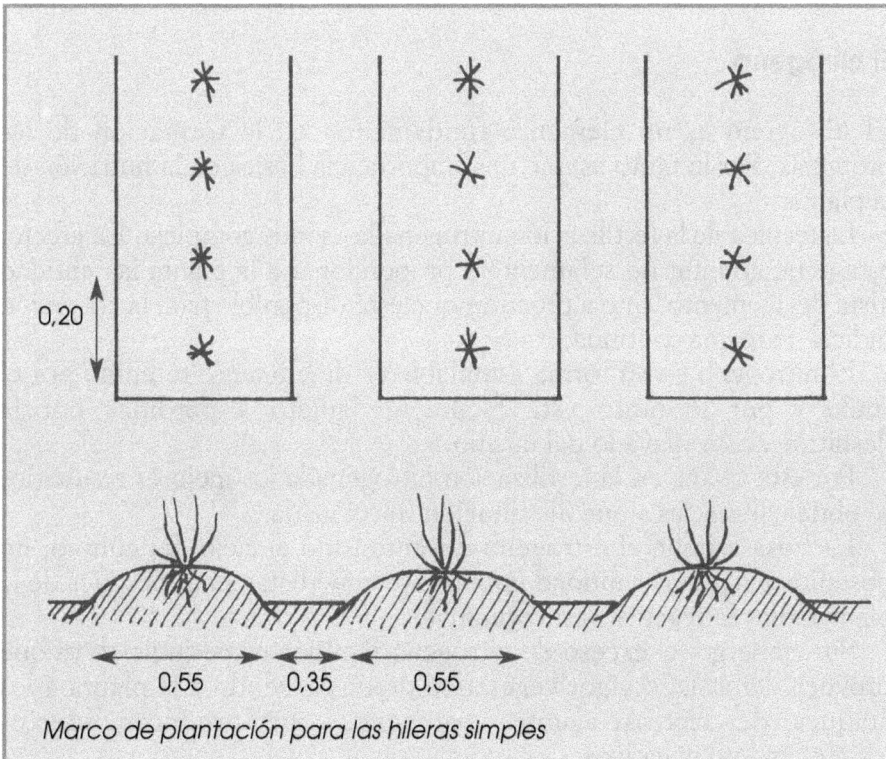

0,20

0,55   0,35   0,55

Marco de plantación para las hileras simples

Además de las extracciones, el segundo dato necesario para poder programar un calendario de fertilización adecuado es la aportación natural de elementos nutritivos que se deduce del análisis químico del suelo. No obstante, muy a menudo pese a disponer de estas informaciones es imposible dar únicamente una orientación sobre la cantidad que debe administrarse de cada sustancia porque en la respuesta del cultivo a los abonos influyen muchos otros factores.

Los requerimientos nutritivos

Las sustancias nutritivas ejercen una influencia específica sobre la actividad fisiológica de las plantas y por consiguiente también sobre las características cuantitativas y cualitativas del producto.

El nitrógeno

El nitrógeno es un elemento fundamental en la formación de las proteínas. Por lo tanto asume una importancia básica en la nutrición de la planta.

La técnica de la fertilización nitrogenada es muy compleja. En efecto, esta debe apuntar no solamente a proporcionar a la planta la cantidad justa del elemento, sino a procurar que esté disponible para la absorción radical de forma continua.

El nitrógeno en su forma asimilable es difícilmente retenido por el suelo y por lo tanto está fácilmente sujeto a pérdidas por la desnitrificación y lavado del mismo.

Por esta razón, en la fertilización nitrogenada los mejores resultados se obtienen gracias a una distribución fraccionada.

La fresa asimila el nitrógeno durante todo el ciclo del cultivo; no obstante, exige una cantidad importante inmediatamente después de la plantación y la reactivación vegetativa.

Sin embargo, el exceso de nitrógeno también es perjudicial, ya que provoca demasiado vigor vegetativo predisponiendo a la planta a los ataques de ciertos agentes patógenos que producen efectos evidentemente negativos.

El fósforo

Respecto al fósforo, debemos señalar que, si bien se absorbe en una cantidad más reducida que el nitrógeno, desempeña una función igualmente importante en la fisiología de la planta. El fósforo, interviene, por ejemplo, en diversos procesos del metabolismo glucídico del nitrógeno y de la demanda energética.

Generalmente, el fósforo está presente en cantidades relativamente elevadas en la parte orgánica del suelo, pero sólo está disponible después de una mineralización, una forma en la que presenta una escasa movilidad en la solución del suelo.

El potasio

Es la sustancia que la fresa asimila en mayor cantidad. Ejerce una influencia fundamental en los principales procesos metabólicos y desempeña un papel de catalizador y regulador de los intercambios iónicos.

El potasio, además, aporta a la fresa cierta resistencia a las bajas temperaturas y ejerce una acción reguladora sobre el nitrógeno. Su carencia se manifiesta a través de un enrojecimiento del borde de las hojas, y posteriormente de todo el limbo foliar, lo cual provoca alteraciones de la actividad vegetativa, en la fructificación y en la acumulación de las sustancias de reserva. Los suelos de las zonas hortícolas (salvo los arenosos y muy desmineralizados) generalmente están bien dotados de potasio, aunque sólo un 1 o 2 % de estas sustancias son absorbidas directamente por las raíces. Sin embargo, no solamente se aconseja realizar una buena fertilización con potasio, sino que además esta es imprescindible para la fresa.

El calcio

Aunque la fresa prefiere suelos de tendencia ácida, asimila una buena dosis de calcio, elemento que ejerce, conjuntamente con otros, una acción de control del equilibrio iónico y de la actividad enzimática. Por este motivo, el calcio influye sobre el balance iónico de la planta.

31

Generalmente, la fresa no exige una fertilización de calcio específica, dado que muchos abonos minerales contienen esta sustancia como constituyentes secundarios.

Los microelementos

Aunque los microelementos (Fe, Mg, Mn, Zn, etc.) sean absorbidos en una cantidad limitada, estos no deben pasarse por alto.

Los suelos hortícolas, sobre todo cuando están provistos de sustancias orgánicas, en general no presentan problemas de carencias de microelementos.

Diagnosticar estas carencias es muy difícil, ya que a menudo los síntomas son similares a los provocados por otras enfermedades fisiológicas.

No obstante, cabe señalar que la ausencia de asimilación de uno o varios microelementos no se debe siempre a una carencia, sino que a menudo es consecuencia de la absorción iónica o de una reacción ácido-base anormal del suelo.

Este es el caso por ejemplo de la clorosis férrica provocada por la falta de asimilación del hierro que se produce en presencia de un suelo muy rico en carbonato de calcio en un medio alcalino. Para sustraer el hierro a la acción antagónica del carbonato de calcio, este elemento debe ser administrado al suelo en forma de quelatos, compuesto estable, incluso en presencia de calcio activo y por lo tanto disponible para la absorción radical.

No se debe recurrir a tratamientos específicos salvo haber comprobado la carencia de uno o varios microelementos, y en tal caso las fertilizaciones foliares y las irrigaciones fertilizantes son particularmente eficaces.

Los abonos: necesidades y modalidades de aplicación

A consecuencia de las consideraciones estimadas anteriormente, no se puede precisar con exactitud la cantidad de abono que debe administrarse a causa de las distintas respuestas obtenidas al experimentar en diversas condiciones ambientales y de cultivos. Varios autores coinciden en la necesidad de respetar la relación: N: $P_2 O_5$: K_2O de 1: 1: 2.

Los abonos orgánicos

La fresa aprovecha bien el humus en el suelo, por lo tanto necesita dosis abundantes (hasta 600 o 700 k/ha, según la disponibilidad de la explotación). El estiércol de bovino aporta los mejores resultados si se administra en el cultivo anterior al de la fresa en la rotación, o, al menos, con bastante tiempo por adelantado en relación con el momento de la plantación. Eventualmente este estiércol puede sustituirse por otros productos como pueden ser excrementos de pollo, lodos residuales de las industrias alimentarias, desechos urbanos debidamente tratados, abonos verdes, etc.

Los abonos minerales

Generalmente pueden recomendarse fertilizaciones de entre 100 y 120 unidades de nitrógeno, entre 80 y 120 de anhídrido fosfórico y de 250 a 300 de óxido de potasio por hectárea. Sin embargo, en ciertos casos, se revelan eficaces las dosis que van desde 300 unidades de nitrógeno, 200 de anhídrido fosfórico y 200 de óxido de potasio por hectárea.

Los abonos fosforados deben ser distribuidos completamente durante los trabajos previos a la plantación; los de nitrógeno se anticipan a un 50 %, mientras que es preferible distribuir la mitad restante por riego fertilizante. Es posible realizar esta operación empleando fertilizantes líquidos muy solubles que se distribuyen por riego gota a gota en cada planta o por tubos perforados dispuestos bajo la cobertura de plástico del suelo.

El acolchado

La cobertura del suelo, o acolchado, destinado al cultivo de la fresa es una práctica a la que no es posible renunciar para obtener ganancias elevadas.

Esta técnica, conocida desde hace bastantes años y aplicada muy particularmente en el cultivo de la fresa, consiste en el recubrimiento parcial o total del suelo para permitir únicamente el brote de las plantas cultivadas.

Los objetivos

Gracias a la cobertura del suelo se obtienen ventajas tales como:

— el aumento de la temperatura del suelo;
— el control de las malas hierbas;
— la larga conservación de la estructura grumosa creada por los trabajos y la eliminación de la acción violenta de la lluvia;
— la contención de las pérdidas de agua por la evaporación y activación de la ascensión por capilaridad del agua hacia el estrato del suelo ocupado por las raíces, con la ventaja de que así se obtienen condiciones hídricas de cultivo más constantes;
— el aumento del anhídrido carbónico bajo el material que cubre el suelo y que facilita la disolución del fósforo y el potasio, limitando las pérdidas de nitrógeno por erosión y asegurando de esta manera mejores condiciones nutritivas para la planta;
— la imposibilidad casi total de que los frutos se enloden debido al contacto con la tierra; y por consiguiente, la reducción del riesgo de inoculación de agentes parasitarios presentes en la tierra incluso (*Botrytis cinerea*);
— un mayor desarrollo del sistema radical, aunque se extienda más superficialmente;
— la facilidad de las tareas de la recolección porque los frutos son más visibles.

Los materiales utilizados

Al principio, la cobertura de la fresa se realizaba con paja u otros vegetales (virutas, hojas, etc.) que se distribuían en el surco, entre las diferentes plantas. La utilización de este material, en algunos casos de difícil aprovisionamiento, nunca estaba exenta de inconvenientes, sobre todo a causa del aporte de semillas de hierbas nocivas y por el hecho de que, en caso de lluvias persistentes, terminaba por convertirse en fuente de estancamiento y humedad.

Todos estos materiales se han sustituido por material plástico, más práctico y económico. El plástico que se ha revelado más adaptable para el cultivo de la fresa es el polietileno de baja densidad. Las características que lo distinguen son su escaso coste y la resistencia a la ruptura a pesar de su escaso espesor (0,04 a 0,05 milímetros).

Otros materiales se encuentran actualmente en una fase avanzada de experimentación, como el *polietileno lineal* que permite reducir el espesor de las láminas hasta 0,025 o 0,030 milímetros sin comprometer en modo alguno la solidez y la duración, y permitiendo a la vez una considerable reducción del peso y una mejor manipulación.

También son objeto de estudio los plásticos autodegradables que, bajo la acción de la luz, se descomponen después de un periodo de tiempo que oscila entre ochenta y ciento veinte días sin dejar residuos contaminantes en el suelo.

Asimismo existe un nuevo tipo de material de cobertura degradable, compuesto de celulosa y turba, que se ha perfeccionado en Suiza y que, utilizado en cultivos, puede enriquecer la parte orgánica del suelo mediante su humidificación.

En la actualidad, la difusión de estos nuevos materiales aún está dificultada por la escasa competitividad económica en relación con las láminas de polietileno habituales.

Estas coberturas presentan un comportamiento diferente según la coloración.

• *Polietileno negro.* En la fase actual es el más extendido. Retiene el calor producto de la radiación solar y favorece el aumento de la temperatura del suelo y del aire ambiental. En lo que respecta al control de las malas hierbas, garantiza resultados satisfactorios.

• *Polietileno transparente.* Permite el recalentamiento del suelo que está situado debajo sin crear problemas para las plantas y los frutos. El control de las malas hierbas es, por el contrario, muy limitado. Por ello se han confeccionado de forma experimental láminas transparentes de lenta acción herbicida que permiten paliar este inconveniente.

• *Polietileno blanco.* Está indicado para los lugares que no requieren recalentamiento del suelo y del aire, ya que como la reflexión de la radiación incidente es considerable, la lámina no se recalienta.

• *Polietileno aluminado.* Presenta las características de las láminas blancas de forma aún más acentuada, permitiendo que el suelo se mantenga frío. Este material puede ser empleado en invernadero, en un medio de luminosidad baja, donde la planta puede aprovechar la radiación reflejada.

Modalidades de coberturas

Si se opta por el cubrimiento parcial del suelo, conviene saber que la aplicación de la lámina de polietileno se ha mecanizado de forma completa.

Como ya hemos señalado con respecto a la preparación del suelo, la superficie de las planchas debe estar bien nivelada, desmenuzada y suficientemente apretada. Estas condiciones son imprescindibles para facilitar la operación de cobertura y evitar algunos inconvenientes relacionados con ella. En efecto, la lámina de plástico debe estar perfectamente tensada para evitar la formación de charcos de agua y bien sujeta con el fin de que el viento no provoque un descalce.

Para una cobertura parcial, se emplean láminas de longitud variable de 1 a 1,40 m, que se aplican con desplegadoras de plástico. Simultáneamente se puede efectuar la fijación de la lámina, la cobertura y la plantación en una acción combinada. Con estas máquinas, es posible igualmente automatizar la perforación de las láminas de plástico siguiendo el esquema de plantación escogido. La cobertura parcial se aconseja en los fresales cultivados en el exterior.

No obstante, la cobertura total del suelo es preferible en cultivo en invernadero. En este caso, se obtienen ventajas nada desdeñables, ya que se evitan las operaciones de escarda manual o mecánica y se controla mejor su multiplicación después del riego. La instalación de las láminas de polietileno (dimensión: 4 a 6 m) empleadas para la cobertura total debe realizarse necesariamente a mano. En este caso, las láminas pueden soldarse en caliente o con masilla para cubrir superficies más grandes.

Características
técnicas de las
láminas
cobertoras de
colores
diferentes

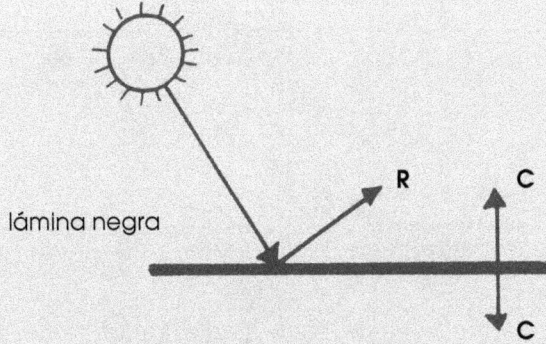

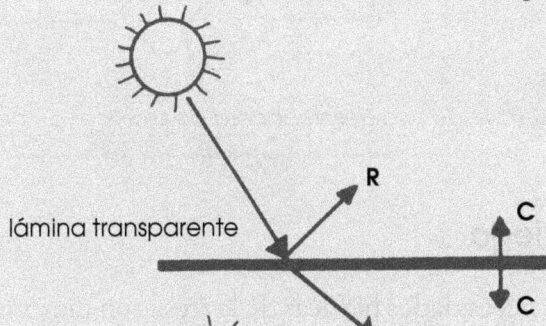

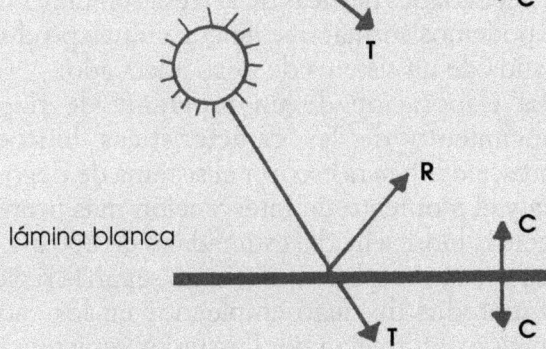

lámina negra

R

C

C

lámina transparente

R

C

C

T

R = energía
reflejada

T = energía
transmitida

C = energía
transmitida por
conducción y
convección en el
suelo y en el aire

lámina blanca

R

C

T

C

Finalmente, para garantizar una mayor adhesión del suelo, es conveniente colocar pesos, o bien un poco de tierra en los surcos situados entre las tablas. En efecto, el viento es el peor enemigo de la cobertura con láminas de plástico, ya que pueden ser arrancadas, sobre todo si no se han colocado con esmero, lo cual perjudicaría el cultivo, evidentemente.

37

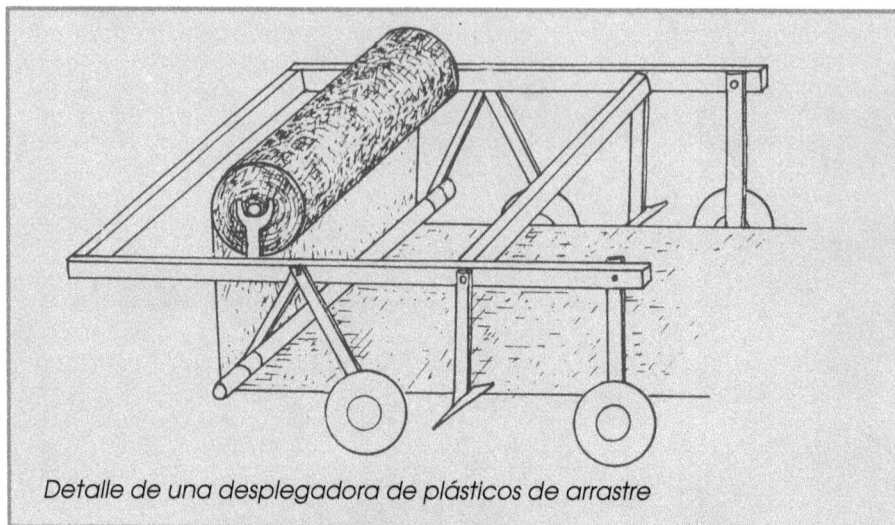

Detalle de una desplegadora de plásticos de arrastre

El riego

Las necesidades hídricas de la fresa son muy importantes, hasta el punto que podemos afirmar que ningún cultivo productivo puede realizarse sin la ayuda de un sistema de riego adecuado.

La elaboración de un programa de riego del fresal implica el conocimiento de las características hidroedafológicas del suelo, imprescindible para escoger el sistema de riego adoptado, el volumen de agua y el momento de intervención más propicio. De forma global, la exigencia hídrica media estimada es de 800 a 1.000 mm (precipitaciones y riegos), con amplias oscilaciones según la región y el sistema de cultivo. Los métodos de riego empleados en los campos de fresas son: por aspersión, infiltración por los surcos y microirrigación.

Las exigencias hídricas

Existen dos tipos de factores que rivalizan en el momento de establecer las exigencias hídricas del cultivo: uno es de carácter morfológico y el otro está relacionado con el ciclo del cultivo.

En primer lugar, como hemos mencionado anteriormente, el sistema radical de la fresa explora exclusivamente el estrato más superficial del suelo que es el que se ve más afectado por las alternancias hídricas.

Además, la fresa está sujeta a una abundante *transpiración estomática,* una particularidad presente por lo demás en grados diferentes, según las variedades cultivadas, si bien en las horas del día, la planta se encuentra naturalmente más dispuesta a la transpiración, ya que la abertura estomática es mayor. Esto ocasiona un aumento de la temperatura y una disminución de la humedad relativa del aire. Debido a esta característica, la fresa es una especie particularmente exigente desde el punto de vista hídrico.

Igualmente importante es una constante disponibilidad hídrica, debido a la estrecha

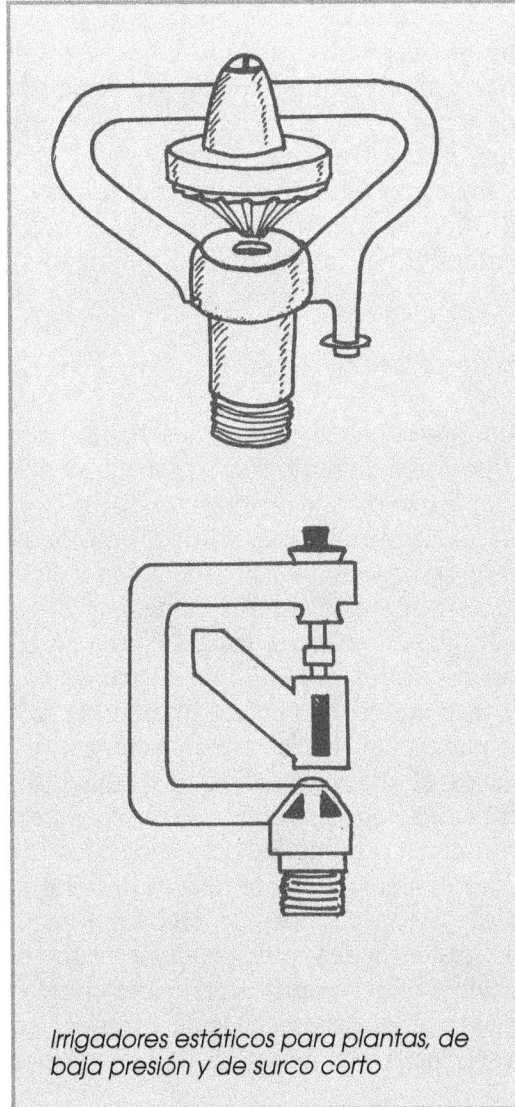

Irrigadores estáticos para plantas, de baja presión y de surco corto

relación existente entre la absorción de elementos nutritivos y el agua, cuyo déficit puede causar problemas de carencia alimentaria, o comprometer directa e irremediablemente una parte del sistema radical.

Las fases del ciclo en las que es casi indispensable una adecuada humidificación del suelo coinciden con el periodo siguiente al de la plantación y el que se extiende desde el engrosamiento a la maduración de los frutos. Las carencias que se produzcan en estas fases primero tendrían un efecto negativo en el enraizamiento de las plantas o al menos en el desarrollo vegetativo y, en segundo lugar, comprometerían inevitablemente el aspecto cuantitativo y cualitativo de la producción y, en definitiva, la rentabilidad de los fresales.

El riego por aspersión

Los sistemas más adaptados al riego por aspersión de la fresa emplean aspersores de radio corto y a baja presión que en caso necesario pueden emplearse para la fertilización foliar.

El riego por aspersión proporciona los mejores resultados en esta fase, favoreciendo la recuperación de las plantas; no obstante, a partir de la floración este sistema es nefasto debido al efecto nocivo que el agua nebulizada sobre el follaje ejerce en torno a la acción de los agentes polinizadores y la salud de los frutos.

Las aspersiones deben ser breves y frecuentes a partir del momento de la plantación. En la primera semana, se practicará una intervención dos veces al día, utilizando de 40 a 50 m^3 de agua por hectárea; a continuación, las intervenciones serán más espaciadas, de manera que conserven la humedad del suelo en los 15 cm más próximos a la superficie, pero es absolutamente necesario evitar los estancamientos. Un mes más tarde, las operaciones de riego serán reguladas en función de la estación y la frecuencia de la precipitaciones. En la primavera siguiente, desde que se inicie la reactivación vegetativa en cultivo protegido y unos quince a veinte días antes de la cosecha, en el exterior, será suficiente con realizar de cinco a seis intervenciones de 140 o 150 m^3 por hectárea.

El riego por infiltración en surcos

El sistema de riego en surco, practicado generalmente en el pasado, debe considerarse obsoleto tanto desde el punto de vista técnico como económico. Los inconvenientes de este sistema son conocidos: exige una frecuencia y una cantidad de agua importantes, así como cuidados continuos por parte del agricultor. Sólo permite un riego reducido y presenta el riesgo de estropear los frutos en vías de madurar.

La infiltración por los surcos se puede practicar en las explotaciones donde la disponibilidad de agua se acoge a una rotación y donde no es posible asegurar el aporte continuo que es necesario por otros métodos de riego.

Esta técnica es más bien sencilla, en la medida en que se trata de hacer afluir el agua simultáneamente en uno o varios surcos, según el módulo de agua disponible, a partir de canales dispuestos en la cabeza del suelo. Para ello, el suelo debe presentar una ligera pendiente, de forma que el agua fluya libremente y las planchas puedan embeberse con facilidad.

La microirrigación

Se entiende por microirrigación el conjunto de sistemas que prevén distribuir con mucha frecuencia pequeños volúmenes de agua en las plantas, a baja presión y junto al sistema radical. Estos sistemas encuentran en el cultivo de la fresa, en el exterior o protegido, un sector de aplicación adecuado para poner de relieve sus ventajas: considerable ahorro de agua, automatización completa de la plantación, dosificación perfecta del agua, reducción o anulación de la pérdida de elementos nutritivos y dosificación perfecta de estos últimos gracias al riego fertilizante, reducción de la flora perjudicial en la vía de servicio, buenas condiciones fitosanitarias de cultivo, control de la humedad ambiental del aire en cultivo en invernadero y posibilidad de practicar un riego fertilizante para el suelo.

En algunos casos, la microirrigación puede sustituir completamente al riego por aspersión, incluso en la fase de plantación.

El sistema de microirrigación utilizado con más frecuencia prevé el empleo de tubos perforados, dispuestos bajo la superficie del suelo. Estos son de polietileno desenrollable negro y miden de 40 a 50 mm de diámetro y 0,5 a 1 mm de espesor.

Los agujeros, generalmente por parejas, se perforan en caliente, a una distancia variable de 15 o 17 cm a 30 o 35 cm, en posición mediana-

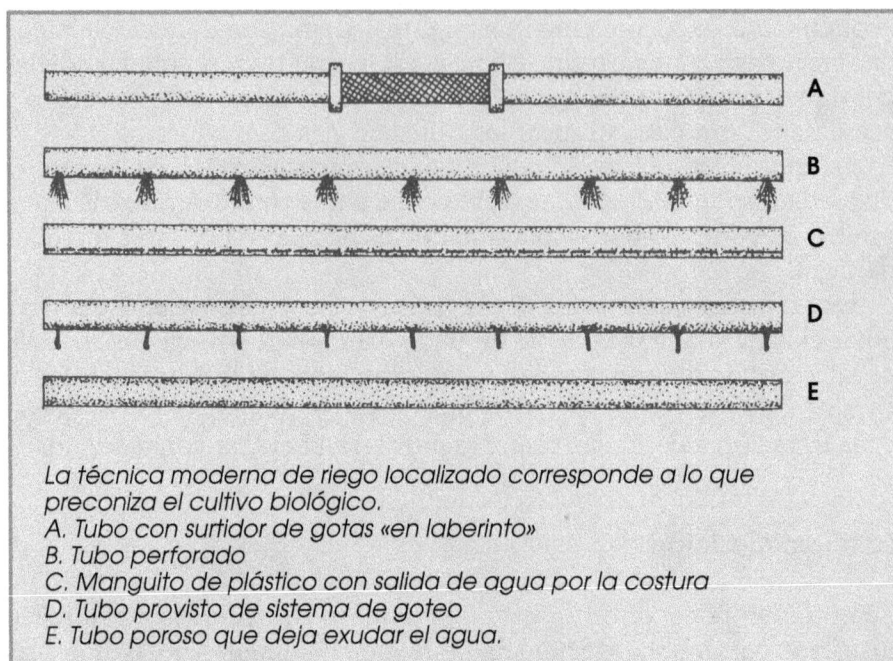

La técnica moderna de riego localizado corresponde a lo que
preconiza el cultivo biológico.
A. Tubo con surtidor de gotas «en laberinto»
B. Tubo perforado
C. Manguito de plástico con salida de agua por la costura
D. Tubo provisto de sistema de goteo
E. Tubo poroso que deja exudar el agua.

superior, de modo que el chorro de agua coincida con el resquicio entre el suelo y la lámina de plástico.

Es preferible que el tubo no mida más de 60 m de longitud, ya que en caso contrario la disminución de la presión interna que puede producirse provocaría una irregularidad excesiva en la distribución del agua. Aquel está colocado en la tabla antes del montaje de la cobertura, en posición central, en un pequeño surco trazado por un sencillo rodillo adaptado en el útil (fresa o rastro) y empleado para el tratamiento del suelo.

El programa de riego necesario en este sistema prevé una primera intervención tres o cuatro días antes de la plantación, de manera que se humidifiquen los 10 o 15 primeros centímetros del suelo; después de la plantación se actuará según las condiciones climáticas.

Este sistema se adapta en particular a las plantas conservadas por refrigeración y desprovistas de hojas; si, por el contrario, se recurre a las plantas de cámara provistas de hojas, o a plantas frescas, inmediatamente después de ser trasplantadas deben realizarse varias

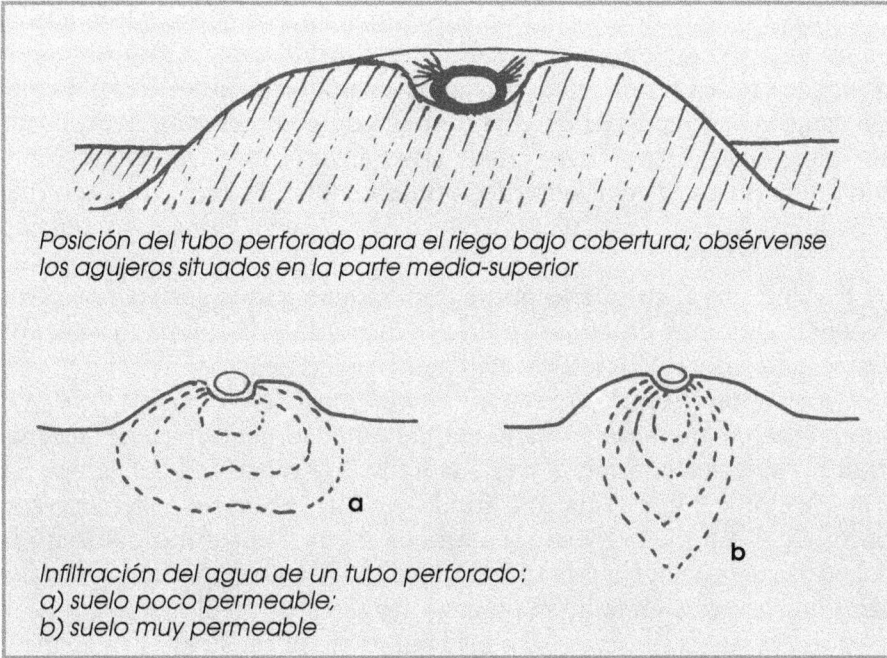

Posición del tubo perforado para el riego bajo cobertura; obsérvense los agujeros situados en la parte media-superior

Infiltración del agua de un tubo perforado:
a) suelo poco permeable;
b) suelo muy permeable

operaciones de riego por aspersión para mantener las hojas turgentes durante la fase de enraizamiento.

En el transcurso del año que sigue a la plantación, las operaciones de riego varían en función de que se trate de cultivo protegido o en el exterior. En el primer caso, el riego debe iniciarse en el momento de la reactivación vegetativa; y en el segundo, este comienza unas dos o tres semanas antes de la cosecha. El periodo de riego en cultivo protegido resulta pues más largo que el practicado en el exterior y los volúmenes de agua empleados son también diferentes. En cultivo protegido, son necesarias entre cuatro y cinco intervenciones de riego, progresivamente más abundantes (de 20 o 30 m³/ha hasta 40 o 50 m³/ha), de las cuales las últimas se realizan después de la cosecha; en el exterior, cuatro o cinco intervenciones, cada una de ellas de 60 a 80 m³/ha son suficientes.

Otro sistema de microirrigación probado recientemente, aunque poco extendido en el cultivo de la fresa es el de *goteo* y presenta algunas ventajas no desdeñables en relación al del tubo perforado. En efecto, la cantidad de agua necesaria se reduce aproximadamente a la mitad, y como la distribución es prácticamente continua, permite una mejor dosificación de los nutrientes y una mayor uniformidad de distribución. En cambio, el precio del sistema de riego de goteo es más elevado que el de los tubos perforados, y puede tener algunos inconvenientes, sobre todo a causa de la fácil obstrucción de los dispositivos de goteo que requieren sistemas particulares de filtrados de agua y una manutención muy meticulosa.

En definitiva, se puede optar por el riego *gota a gota* o por otros sistemas similares en zonas donde la disponibilidad del agua es muy restringida y donde los suelos sean más bien compactos.

Un sistema propuesto recientemente consiste en el *riego continuo* subterráneo. Este permite mantener la humedad del estrato del sistema radical, de forma constante, y es adaptable a la capacidad del campo; se trata de emplear una vaina constituida por finas fibras de polietileno con poros de 4 a 5 micras y situada a unos 4 cm de profundidad bajo la cobertura del suelo. En esta se introduce el agua a baja presión (0,1 a 0,3 atm) que *transpira* en la tierra en contacto directo con el sistema radical; así pueden ser distribuidos 0,3 o 0,5 l por metro lineal de tubo, de manera que mantenga de forma constante el nivel de humedad del suelo.

El nivel de presión muy bajo utilizado con este sistema permite un ahorro energético muy elevado en relación a todas las demás soluciones de riego artificial; además, la continuidad del caudal permite dosificar los riegos fertilizantes de forma muy precisa en función de las exigencias de la planta en las diferentes fases del cultivo.

La escarda

El uso de productos químicos para la escarda de la fresa no está aún muy extendido, ya que las pruebas experimentales no han dado siempre resultados válidos.

En primer lugar, se aconseja en particular hacer una distinción entre el cultivo al aire libre y el cultivo protegido, y en segundo lugar entre un cultivo anual y plurianual. Habida cuenta que actualmente en los cultivos predomina el empleo de las láminas de plástico, sólo abordaremos brevemente el caso de los cultivos al aire libre.

En cada uno de estos cultivos, para resolver el problema de las malas hierbas, el empleo de productos químicos debe completarse con intervenciones mecánicas, ya que no existen aún principios activos perfectamente selectivos para la fresa que sean absolutamente eficaces contra las especies nocivas más resistentes.

En cultivo exterior, con una cobertura del suelo por fajas, se puede realizar un tratamiento antes de la plantación sobre la totalidad de la superficie, enterrando de 1 a 1,5 kg/ha de producto a base de Trifluralina (o Benfluralina). Unos 30 días después de la plantación, a esta intervención sigue un tratamiento que se aplica a las fajas de suelo no ocupadas por la lámina de polietileno, con la ayuda de un producto de acción residual, y en caso de que haya malas hierbas se aplicará conjuntamente un agente desecante a base de amonio cuaternario (*paraquat*). Cuando se realice este tratamiento de acción residual (Lenacilo, Simazina, etc.) se deberá tener cuidado con el efecto que pueda ejercer sobre el cultivo posterior a la fresa en la rotación.

El efecto de los dos tratamientos indicados y completados en caso necesario por algunas intervenciones manuales, se mantiene hasta la primavera que sigue a la plantación. En ese momento, la escarda mecánica puede ser suficiente para controlar la flora perjudicial que, en menor medida, podría haber subsistido. En caso de que haya una invasión mayor, prevista o en curso, el tratamiento localizado por principios activos residuales eventualmente mezclados con los desecantes puede repetirse cuando las plantas se encuentren aún en fase de descanso vegetativo.

En condiciones específicas del microclima del invernadero, la propagación de las malas hierbas puede producirse en proporciones más graves que al aire libre; sin embargo, no siempre se aconseja ni es eficaz seguir un tratamiento químico. Si se adopta la cobertura total con lámina de polietileno negro, el problema de la escarda es prácticamente inexistente, ya que los recursos empleados generalmente para la fumigación del suelo poseen una fuerte acción herbicida.

Si el suelo sólo está cubierto parcialmente, se puede seguir el plan indicado para los cultivos en el exterior. No obstante, existen en este caso dificultades reales que contribuyen a limitar el uso de los herbicidas en un invernadero. En estas condiciones, es necesario servirse de equipos de pequeñas dimensiones o incluso bombas portátiles; además hay que utilizar con especial prudencia las sustancias activas de efectos residuales que podrían revelarse nocivas para los cultivos inmediatamente siguientes. Por esta razón, es preferible limitarse al uso de los desecantes bipiridílicos, que no son peligrosos, con la ayuda de boquillas protegidas.

LA RECOLECCIÓN

Las operaciones de recolección tienen una gran incidencia en el coste de producción de la fresa; pueden alcanzar de un 40 a un 45 % del total, debido al carácter delicado y fatigoso de este trabajo, a causa del tamaño, la posición y la consistencia de los frutos. Además, la cosecha exige una cantidad importante de mano de obra durante un periodo relativamente breve que coincide con la etapa de maduración.

Época y duración

Tradicionalmente considerada un fruto de temporada, la fresa ha visto cómo el calendario de su cosecha se iba extendiendo gracias a la introducción de nuevas especies más precoces y a la aplicación de técnicas diferenciadoras de la maduración de los frutos en el tiempo.

Otra razón determinante que permitió la ampliación del calendario de las cosechas fue la propagación de este cultivo en las regiones meridionales (Huelva, Almería, Málaga), donde gracias a las diferencias climáticas y al empleo de las especies apropiadas, es posible iniciar la cosecha mucho antes que en las regiones septentrionales.

Además de las producciones precoces, las variedades tardías que pueden obtenerse en las zonas septentrionales como Galicia poseen cierto interés, porque se presentan en el mercado cuando la mayor parte de la producción nacional ya ha sido comercializada.

El calendario de las cosechas se inicia a finales de febrero-marzo en Huelva, con los cultivos en invernadero; a mediados de abril empiezan las cosechas en los cultivos bajo invernadero en la Comunidad Valenciana y algo más tarde, se lleva a cabo la maduración de los cultivos en el exterior en las colinas bien orientadas del litoral en Cataluña.

En Galicia el calendario es totalmente diferente, ya que la producción se extiende entre abril y diciembre siendo los meses más importantes mayo, junio y septiembre.

Estas cosechas continúan, según las diversas especies cultivadas, hasta junio o julio, mientras que durante el mes de agosto, el calendario concluye con las producciones que se realizan en zonas de montaña y en septiembre con las especies tradicionales de segunda floración.

La recolección otoñal, muy interesante también, actualmente es objeto de investigación. Esta se realiza con variedades adaptadas, explotando la floración incipiente obtenida por las plantas conservadas por refrigeración y plantadas en julio.

Con esta misma técnica, bajo invernadero, se puede conseguir que las fresas maduren hasta noviembre.

La maduración de los frutos es escalonada; por ello es necesario un número importante de intervenciones, siendo necesarias una media de 8 a 10 para recolectar la producción entera.

Las cosechas más productivas y las mejores son las de mitad de temporada, mientras que las del principio y el final de la recolección son menos abundantes, con numerosos frutos, pero más pequeños.

Determinación de la maduración óptima

Según las condiciones climáticas, una fresa necesita al menos un mes para madurar después de la floración.

El momento óptimo para la recolección debe decidirse en función del destino del producto. Los frutos destinados al consumo como productos frescos en los mercados alejados de los centros de producción deben recolectarse cuando el color ha pasado del blanco al rojo en 2/3 partes de su superficie. Esta coloración se corresponde con un estadio en que la pulpa es aún suficientemente firme para tolerar un largo transporte. Si el producto está destinado a un mercado situado en las cercanías, hay que esperar que el fruto se haya teñido completamente de color. En efecto, incluso si es verdad que la fresa puede terminar de madurar después de haber sido desprendida de la planta, no es menos cierto que en ese caso las características organolépticas y las cualidades de brillo del fruto no siempre alcanzan los niveles deseables.

Este inconveniente sólo afecta a las variedades cultivadas que conservan, incluso en una maduración integral, una pulpa muy firme. Por último, si los frutos están destinados a la transformación industrial deben recolectarse en una fase de maduración avanzada. En todos los casos, la cosecha debe realizarse exactamente en el momento oportuno, ya que en veinticuatro horas las cualidades necesarias para una utilización determinada pueden alterarse a causa del proceso de maduración.

Producción unitaria

Los factores que influyen en la producción de fresas por hectárea son muy numerosos. Las condiciones climáticas, edafológicas, tecnológicas y técnicas del cultivo son algunos de ellos. En las áreas de cultivo en el sur de España y en el sur de Italia, donde suelo y clima resultan muy favorables, se alcanzan fácilmente los 300 e incluso 400 k/ha. Sin embargo, en el sudoeste de Francia se obtiene una producción media de 150 a 180 k/ha, con máximos que rebasan los 250 k/ha.

Recolección manual

La recolección manual se realiza prácticamente en toda España, y aunque resulta muy fatigosa, actualmente es la única solución que cabe considerar para el fruto destinado al consumo como producto fresco.

Los recolectores operan manualmente, separando las fresas maduras con el cáliz y sin el pedúnculo, y disponiéndolas en cestitos generalmente de plástico, de dimensiones estándar que llegan al consumidor sin experimentar ninguna otra manipulación.

También el operario realiza una selección de los frutos cuando recolecta, retirando los mal formados, los que han sido atacados por podredumbres, o los estropeados.

El inicio de la cosecha está marcado por un rendimiento muy bajo: la cantidad recogida por persona y hora equivale a una media de nueve o diez kilos; esto significa que para una producción media de unos 200 k/ha, son necesarias aproximadamente dos mil horas por persona y por hectárea. El rendimiento es mayor cuando el fruto es de gran tamaño y bien visible entre las hojas, y durante el periodo de maduración que es cuando el número de frutos maduros existentes simultáneamente en la misma planta es más elevado también (se trata de variedades de madurez agrupada).

Recolección asistida

Con el fin de facilitar las operaciones recolectoras de la fresa, se han propuesto algunas máquinas que permiten aumentar la productividad del trabajo del operador y disminuir su cansancio, gracias a una mecanización parcial. En general, estas máquinas de arrastre o semiportadoras se limitan a hacer avanzar las cestitas que el operario va llenando poco a poco.

Algunos modelos de recolectores están constituidos por una plataforma sobre la que se acomodan hasta 25 personas que se ocupan de recoger los frutos de la hilera que se encuentra al alcance de la mano, gracias a la lenta progresión de la máquina. A medida que las cestitas se llenan, otra persona las apila en la plataforma y las sustituye por otras vacías.

Este equipamiento permite un aumento de la productividad del trabajo equivalente a un 20 %, pero hasta el momento no ha convencido aún plenamente y su difusión sigue siendo limitada.

Recolección mecánica

Contrariamente a lo que ocurre con otras especies cultivadas en horticultura, para la recolección mecánica de las fresas no se ha encontrado hasta ahora una solución plenamente satisfactoria: la maduración escalonada y la fragilidad de los frutos son las causas características que hacen difícil esta tarea.

No obstante, algunos modelos de recolectores mecánicos ya se han comercializado en Estados Unidos y Gran Bretaña; en algunas instituciones científicas italianas se han diseñado prototipos de construcción sencilla y de un precio asequible a partir de los años setenta.

Las máquinas que se utilizan pueden ser cosechadoras o peinadoras. Las primeras eliminan todo el follaje y en una segunda fase, desprenden los frutos de las hojas y de los pedúnculos. Este tipo de máquina está adaptada a los cultivos anuales de maduración con tendencia simultánea. Las peinadoras realizan por el contrario una selección del producto en la planta, en función de sus dimensiones, lo que supone que los frutos de gran tamaño serán también los más maduros.

El aparato está constituido por un sistema de cepillos que eleva las plantas, preparándolas para la acción de los dientes recubiertos de caucho en forma de peine que penetran en el follaje para desprender los frutos, pero evitando arrancar en la medida de lo posible las hojas y los frutos que no estén maduros. Una vez las fresas quedan desprendidas de la planta, son conducidas a través de una cinta transportadora hasta los contenedores, después de que una corriente de aire haya eliminado las hojas que eventualmente se hubieran recogido.

Las variedades de cultivo más adaptadas a este tipo de cosecha deben presentar pedúnculos largos y deben desprenderse fácilmente en la parte próxima al cáliz; los frutos deben ser de gran tamaño y la producción debe distribuirse por igual durante el ciclo productivo.

SISTEMAS DE PROTECCIÓN

Se definen como protegidos aquellos cultivos para los cuales se consiguen las condiciones ambientales para las plantas a través de diferentes medios, permitiendo la obtención de una producción importante desde un punto de vista comercial en una época del año más o menos distinta del periodo ordinario. Para definir la importancia de este tipo de cultivo aplicado a la fresa, conviene señalar que esta técnica afecta a casi un 82 % de la superficie destinada a esta planta en España y que, en cuanto a su expansión, entre los cultivos protegidos, sólo el tomate precede a la fresa. La protección del cultivo se realiza según las modalidades y en momentos diferentes según los objetivos fijados. Así, se habla de cultivo *forzado*, si la producción se mantiene durante todo el periodo productivo y *semiforzado*, si sólo se efectúa en el transcurso de un momento determinado de la producción. En el caso de la fresa, las técnicas de *semiforzado* son actualmente las más extendidas.

Aspectos biológicos del forzado

La importante reacción de la fresa ante la protección se debe a su considerable fragilidad frente a los factores del medio y en particular frente a la luz y la temperatura.

Al modificar estos factores en un sentido favorable al cultivo, los sistemas de *forzado* permiten obtener notables avances en la maduración de los frutos, o producciones absolutamente fuera de temporada.

La temperatura desempeña un papel fundamental en la regularización del ciclo productivo de la fresa. Las exigencias térmicas de su cultivo han sido estudiadas cuidadosamente. En la actualidad, destacaremos únicamente el hecho de que durante el descanso vegetativo, la planta satisface sus necesidades de frío, y que, con la llegada de la primavera, el descanso de las ramas es interrumpido por el aumento de la temperatura del aire. Así, en un medio protegido, una vez satisfecha la necesidad de frío, únicamente la diferencia de temperatura que se alcanza en relación con el medio no condicionado es capaz de provocar una activación vegetativa más precoz de la planta.

Materiales de cobertura

La difusión de los materiales plásticos más perfeccionados para sustituir al cristal ha supuesto un giro decisivo en el cultivo de la fresa, al igual, por lo demás, que en toda la horticultura en un medio protegido. Con la llegada del plástico, se ha podido disponer de un material que presenta la ventaja de exigir estructuras de soporte simples y ligeras. Los materiales de cobertura, de forma general, deben ser evaluados según sus características físico-mecánicas (resistencia a la ruptura, por ejemplo), ópticas, térmicas y económicas. Sus características óptimas son importantes, ya que estas determinan lo que se llama el efecto invernadero.

Este fenómeno se debe a las diferencias ya subrayadas de transparencia específica de los materiales de cobertura frente a las radiaciones de diferente longitud de onda: de ahí resulta una acumulación de calor en el interior del lugar protegido, que se traduce en un aumento más o menos importante de la temperatura en relación con el medio circundante.

Esto se debe a que, según el material con que esté confeccionada, la cobertura es atravesada por las radiaciones solares comprendidas entre 0,3 micras y 2,5 micras de longitud de onda (visible); siendo opaco a aquellas que refleja el suelo, comprendidas entre 2,5 y 3,5 micras (infrarrojo). Por este motivo, el efecto invernadero se acentúa cuanto mayor es la transparencia del material frente a las radiaciones comprendidas en el espectro de lo visible y cuanto menor resulta frente al infrarrojo.

Las características ópticas del material, así como el efecto invernadero se modifican por la posible formación de gotas en la pared interna de la cobertura, debido a la condensación de vapor de agua. Este fenómeno no es molesto si la cobertura es de vidrio, ya que, teniendo en cuenta la escasa conductibilidad térmica del vidrio, provoca un enfriamiento más ligero, que es la base para la condensación. Las gotas que se forman tienden sin embargo a deslizarse por la superficie interna y pulida del cristal.

Con el empleo de materiales de plástico, cuya conductibilidad térmica es más elevada, este fenómeno es particularmente evidente, ya que el enfriamiento que puede experimentar es mayor. La presencia de estas pequeñas gotas en las paredes provoca un aumento de la reflexión de la luz en detrimento de la trasmitida hacia el interior de la protección, y por consiguiente, reduce el efecto térmico de la cobertura. Otro inconveniente provocado por la condensación en la superficie de plástico es el goteo sobre las plantas, lo que puede favorecer la multiplicación de hongos y dificultar el florecimiento y el cuajado de los frutos.

Para resolver este problema se emplean láminas *no-drop* que deben sus propiedades al tratamiento con tensioactivos que reducen las gotas y favorecen su circulación a lo largo de la pared.

Indicaremos aquí algunas de las características del vidrio sustituido, a partir de ahora, al menos en el cultivo de las fresas, por el material de plástico.

Globalmente, entre los materiales de cobertura, el vidrio es el que presenta unas mejores propiedades ópticas, y si dejamos de lado los posibles accidentes, tiene una mayor duración. Además, conserva su transparencia frente a las radiaciones luminosas, sin sufrir alteraciones a lo largo del tiempo. Por el contrario, sus características negativas son su precio elevado, al menos en relación con los materiales de plástico y el hecho de que son necesarias estructuras de sujeción suficientemente sólidas.

Existen distintas calidades de vidrio para cubrir los invernaderos: el tipo *lúcido* (espesor de 3 o 4 mm); el *semidoble* o *doble* y el tipo *gres* o *translúcido*; y los subtipos: *pulido*, *rayado* y *reticulado*, caracterizados, en relación con el primer tipo por una mayor solidez y un mejor poder de difusión de la luz en el interior de la pared.

Los materiales de plástico, a su vez, pueden subdividirse en:

— láminas flexibles;
— láminas semirrígidas;
— placas rígidas.

Entre estos, las láminas semirrígidas, preparadas con poliéster y poliamida, así como las láminas rígidas, en poliéster reforzado por fibras de vidrio o nailon, actualmente tienen una escasa difusión, mientras que las láminas flexibles están ampliamente extendidas.

Los materiales utilizados para las coberturas flexibles son el *polietileno* (PE), el *cloruro de polivinilo* (PVC) y el *etilenoviniloacetato* (EVA).

• *El polietileno.* Utilizado desde 1954, se presenta bajo la forma de láminas de 0,10 a 0,20 mm de espesor que pesan entre 92 y 184 g/m^2.

El polietileno posee unas características físicas estables situadas entre – 40 °C y 70 °C; más allá de este límite inferior, se produce una pérdida de flexibilidad y más allá del límite superior, un reblandecimiento.

Permite el paso de más de un 70 % de radiaciones del espectro de lo visible, pero también lo atraviesa el mismo porcentaje de infrarrojos, razón

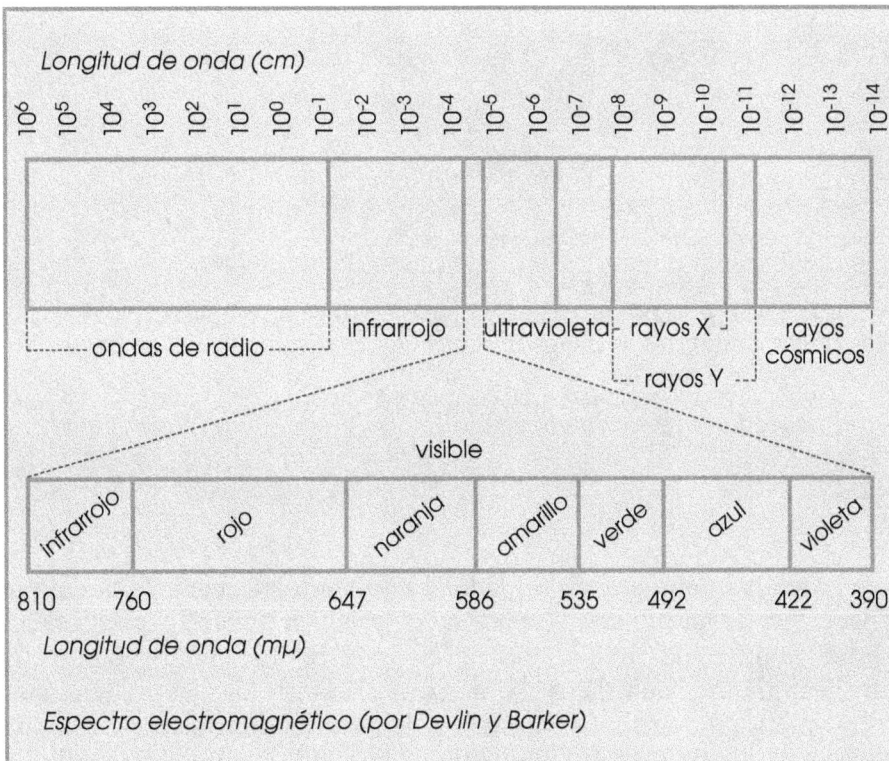

Longitud de onda (cm)

10^6 10^5 10^4 10^3 10^2 10^1 10^0 10^{-1} 10^{-2} 10^{-3} 10^{-4} 10^{-5} 10^{-6} 10^{-7} 10^{-8} 10^{-9} 10^{-10} 10^{-11} 10^{-12} 10^{-13} 10^{-14}

ondas de radio · · · · · infrarrojo · ultravioleta · rayos X · · rayos cósmicos

· · · rayos Y · · ·

visible

infrarrojo · rojo · naranja · amarillo · verde · azul · violeta

810   760   647   586   535   492   422   390

Longitud de onda (mµ)

Espectro electromagnético (por Devlin y Barker)

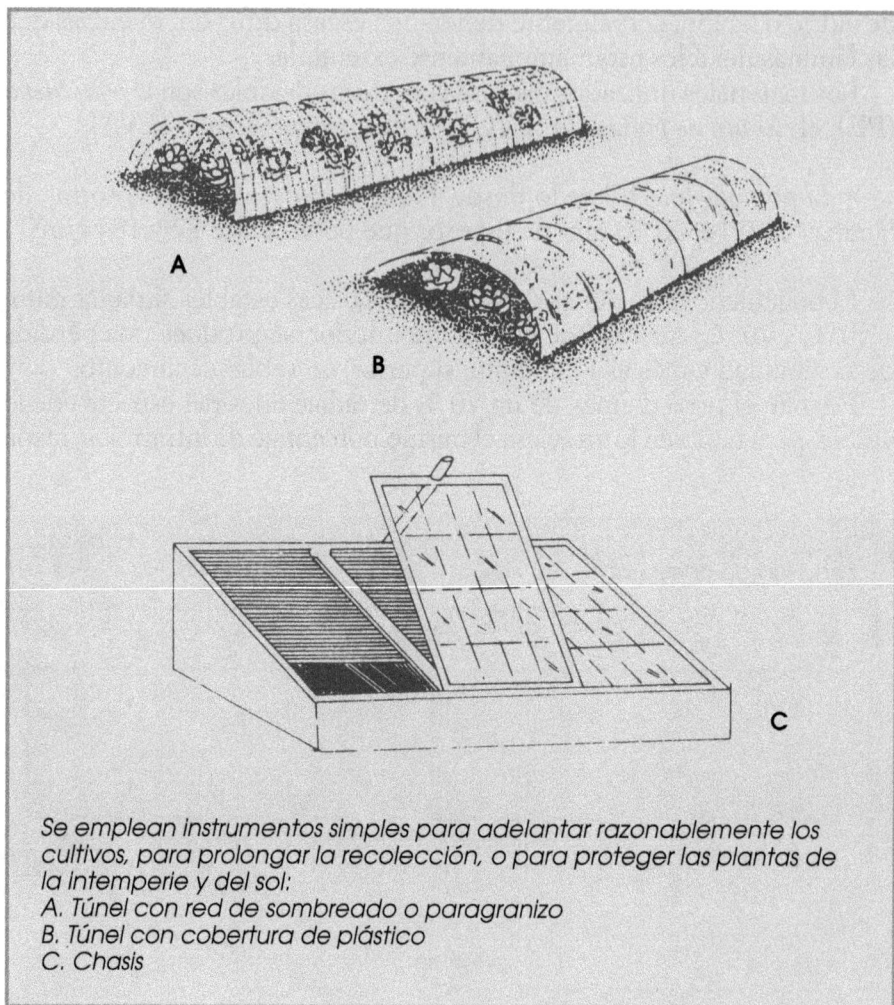

Se emplean instrumentos simples para adelantar razonablemente los cultivos, para prolongar la recolección, o para proteger las plantas de la intemperie y del sol:
A. Túnel con red de sombreado o paragranizo
B. Túnel con cobertura de plástico
C. Chasis

por la cual su transparencia en la luz es satisfactoria, mientras que no se puede decir lo mismo de su capacidad de producir un efecto invernadero.

La lámina de polietileno además está fácilmente sujeta al envejecimiento, debido a la acción oxidante de las radiaciones ultravioletas, y que se manifiesta por la pérdida de transparencia y de resistencia a la ruptura. Esta particularidad puede mejorarse con aditivos químicos antioxidantes y estabilizadores contra los efectos de los rayos ultravioletas, como ocurre con el PE de larga duración (*long live*).

• El *cloruro de polivinilo*. Se presenta bajo la forma de láminas flexibles, de espesor variable que oscila entre 0,1 a 0,2 mm, y su peso es equivalente a 125-250 g/m^2.

En comparación al PE, el PVC es menos flexible, pero más resistente a la tracción y a la ruptura. Las características térmicas también son distintas en la medida en que el PVC pierde su estabilidad a – 10 °C y se ablanda a 50 °C, pero es un fenómeno reversible.

Por el contrario, el PVC posee una duración superior a la del PE, a causa de los aditivos que puede presentar la mezcla antes de la extrusión. Algunos aditivos están en condiciones de disminuir la fuerza electrostática de la lámina, evitando así el depósito de polvo lo cual puede dar origen a una reducción de la transparencia.

Sus características ópticas son tales que lo hacen preferible al PE, en comparación con el cual produce un efecto invernadero más limpio, gracias a una transparencia más escasa frente a la irradiación terrestre.

• El *etilenoviniloacetato* (EVA). Se trata de una extrusión de etilenoviniloacetato en el polietileno, el cual posee unas características intermedias entre las de PE y PVC, tanto en lo que respecta a la duración como al efecto invernadero.

Estructuras

Las orientaciones modernas de la técnica aconsejan emplear estructuras sencillas y económicas como los túneles y prevén un lugar cada vez más pequeño para los invernaderos tradicionales.

Los túneles pequeños

Son túneles de pequeñas dimensiones (altura máxima de 90 cm y una amplitud que sólo protege una hilera doble), de forma semicircular en la parte superior y redondeada en los laterales para facilitar el paso del agua de lluvia. Asimismo ofrecen una escasa superficie de resistencia al viento. La estructura de sujeción está constituida por perfiles metálicos dispuestos a 1,50 m de distancia entre sí; el material de cobertura debe ser fijado herméticamente y estar bien tenso, con el fin de evitar desgarros o que se alcen a causa del viento.

El volumen del aire contenido en estos túneles es muy limitado y, por lo tanto, el efecto invernadero resultante es muy escaso. Por esta razón, se puede aconsejar su empleo allí donde el peligro de heladas tardías es reducido y donde basta provocar un ligero aumento de la temperatura en el interior del túnel. Dado que su instalación es sencilla, el empleo de estos pequeños túneles se presenta como la solución más económica.

Los túneles grandes

El motivo que conduce a realizar estos grandes túneles en vez de los pequeños es de orden térmico esencialmente. Sus dimensiones varían entre 4 y 8 m en la base y presentan entre 2,5 y 3,5 m de altura máxima; ello permite que el efecto invernadero y la climatización sean mejores que en los túneles pequeños. Las estructuras de sujeción están constituidas por perfiles metálicos, fijados al suelo cada 2 m a lo largo de todo el túnel que puede alcanzar 80 o 100 m; los zócalos de cemento se emplean con menos frecuencia.

En las explotaciones productivas más avanzadas, estos túneles de tramo único se han sustituido por túneles múltiples de varios tramos comunicantes. Este sistema permite colocar hasta diez túneles simples uno al lado del otro, de forma que podamos obtener una superficie protegida de gran tamaño.

Las ventajas que se pueden extraer del empleo de túneles múltiples son numerosas: el gran volumen de aire limitado por el túnel es tal que provoca un mayor efecto invernadero y que se atenúe la inversión térmica entre el día y la noche. Además, permite un ahorro considerable de lámina de plástico, ya que los tramos intermedios sólo están recubiertos hasta la altura del canalón. La ejecución mecánica de los trabajos se ha facilitado también considerablemente.

La climatización

Por climatización se entiende el conjunto de operaciones que se practican en un entorno protegido para adaptar el microclima a las exigencias de las diversas fases de cultivo.

Para las fresas estas precauciones son más bien sencillas, ya que en general no se debe recurrir a sistemas de acondicionamiento artificial del aire, si bien en determinados casos su instalación es decisiva.

En la práctica, la climatización se limita a elegir un momento oportuno para realizar la cobertura y la apertura del túnel. Como ya hemos dicho,

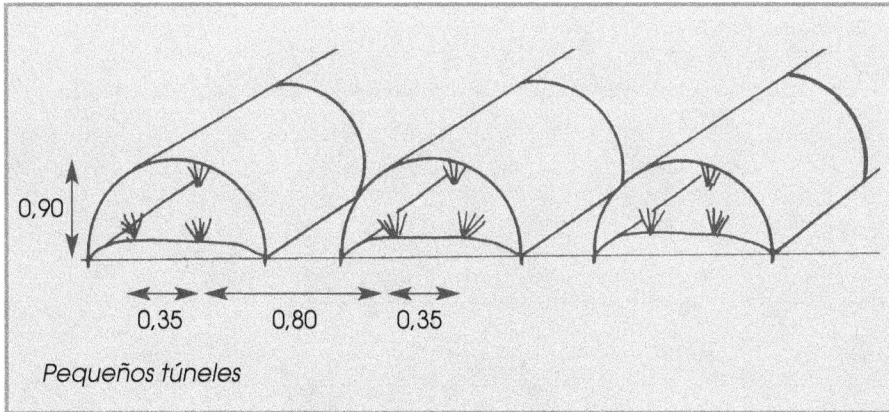

Pequeños túneles

en efecto, el fresal protegido debe considerarse semiforzado, ya que la protección no se mantiene durante todo el ciclo de cultivo.

La cobertura del túnel debe realizarse en enero en Andalucía y antes cuanto más al norte. Es importante no retrasar o anticipar demasiado ese momento, ya que en uno y otro caso pueden derivar de ello grandes inconvenientes. En el primer caso, los efectos del *forzado* se verían anulados, mientras que en el segundo, al favorecer una activación vegetativa excesivamente precoz, y sobre todo en una región fría se correría el riesgo de sufrir los estragos de oleadas de frío tardías.

El objetivo de la aireación es realizar el control simultáneo de la temperatura y la humedad relativa del aire en el interior del túnel. Las soluciones para practicar la aireación, que debe realizarse en los días más cálidos y sobre todo durante la floración, varían según el tipo de túnel empleado. Con pequeños túneles, basta con alzar lateralmente una parte de la cobertura de plástico, y en el caso de los grandes, puede obtenerse una aireación suficiente abriendo simultáneamente sus entradas. Por último, algunos túneles prevén aberturas especiales en el remate, llamadas *alas de mariposa* que sirven de chimenea para el aire caliente.

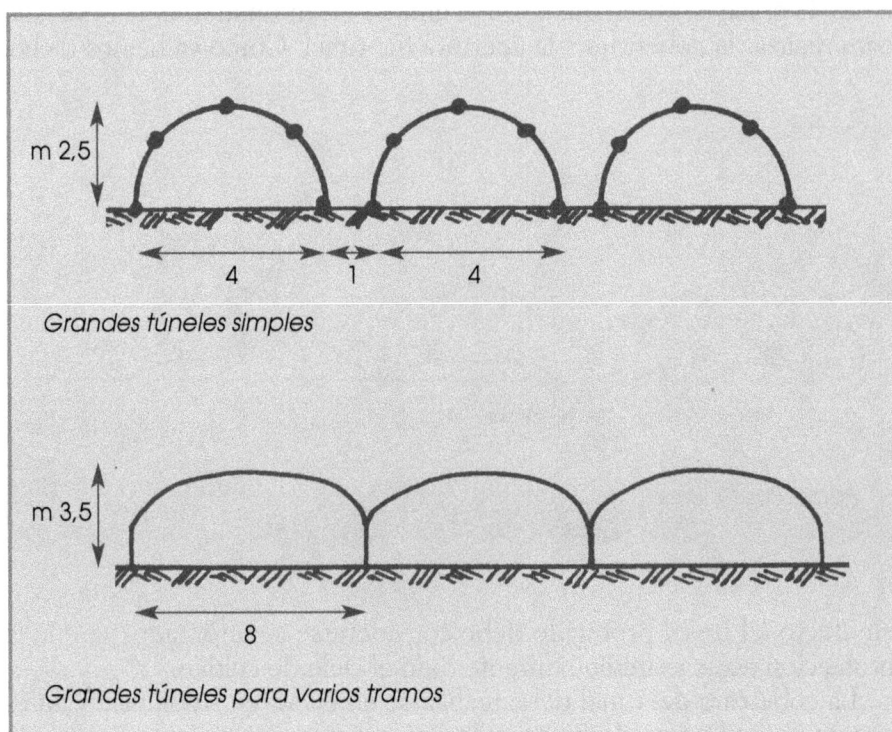

m 2,5

4   1   4

Grandes túneles simples

m 3,5

8

Grandes túneles para varios tramos

LOS ENEMIGOS DE LA FRESA

El cuadro patológico de la fresa es particularmente amplio y puede ocasionar graves inconvenientes en el cultivo. Los daños más importantes pueden ser provocados por insectos, nematodos, ácaros, criptógamos, virus y microorganismos patógenos, si bien otras causas no parasitarias también pueden ser fuente de estragos.

Los insectos

Los insectos fitófagos de la fresa pertenecen a diferentes especies. En general, se trata de especies polífagas que no suelen causar daños graves al fresal.

Entre estos, deben ser vigilados con más esmero los pulgones; el principal motivo de preocupación a este respecto no son tanto las incisiones en la planta, que salvo en contados casos de ataques particularmente graves, son de una importancia limitada, sino el hecho de que sean los principales portadores de virus. Esta característica es particularmente peligrosa en las plantas destinadas a la multiplicación, donde se debe evitar absolutamente la presencia de virus.

Las especies de pulgones más frecuentes en la fresa son: *Aphis fabae* (pulgón negro de las habas), *Myzus fragaefolii* (pulgón blanco de la fresa), *Aphis forbesi* (pulgón de la fresa).

Su erradicación con productos químicos está basada en el empleo de numerosos principios activos entre los cuales señalamos: *pirimicarb*, *mevinfos*, *metilazinfos* y todos los *piretroides*. Mientras se empleen estos productos hay que tener mucho cuidado con respetar el periodo en que deben administrarse en vivero, así como el plazo de seguridad, indicado para cada uno de ellos.

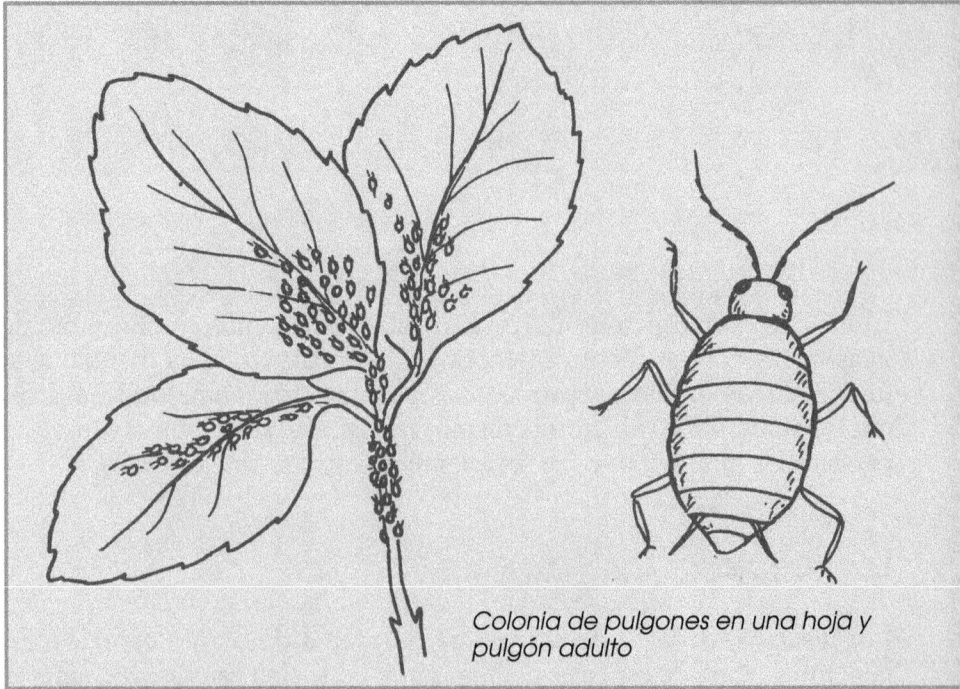

Colonia de pulgones en una hoja y pulgón adulto

Muchos otros insectos están presentes de forma esporádica en la fresa, pero en general no necesitan una intervención específica para combatirlos. Con sus picaduras, las chinches de las plantas (*Pentatomidae*) como *Dolycoris baccarum* pueden provocar que los frutos se deformen, además de un olor y un gusto desagradables.

Los coleópteros del género *Otirrynchus rugosostriatus* pueden provocar daños en las raíces, suscitando el deterioro y la muerte de las plantas. Otro gorgojo, el *Rhynchite* (*Coenorrhinus germanicus*) sólo es perjudicial en contadas ocasiones, cuando, al llegar la primavera, corroe los limbos y los pedúnculos de la hojas; a partir de mediados de abril, las hembras ponen huevos en los tallos de las inflorescencias y en los estolones, provocando, con sus picaduras anulares, el retraso de la savia y por consiguiente una desvigorización de la parte dañada. Este gorgojo presenta una sola generación anual, se transforma en crisálida e hiberna en el suelo.

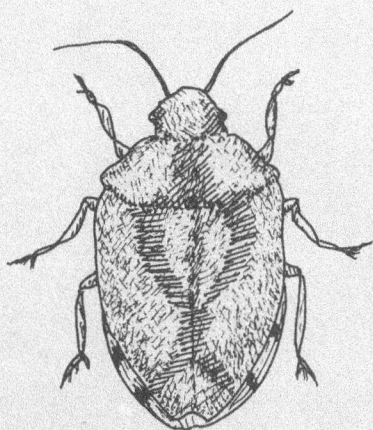

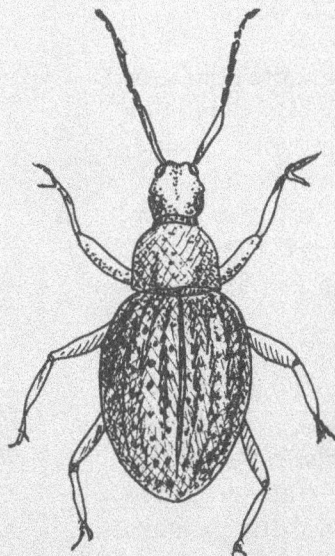

Otiorrynchus rugosostriatus: *la longitud media es de 6-7 mm*

Pentatómido

Los aleurodidos, entre los que figuran los *Trialeurades vaporariorum*, son responsables, sobre todo en cultivos protegidos, de una abundante excreción de melaza sobre la cual se desarrolla fácilmente la fumagina. En algunos casos, particularmente en la fase que sigue a la plantación, los noctuidos pueden despertar cierta preocupación, ya que mordisquean el cuello y a veces causan la muerte de las plantas afectadas.

Metamidofos y Triclorfon son las principales sustancias que resultan útiles como remedio contra los noctuidos.

Otros lepidópteros presentes en los campos de fresas son los tortrix, entre ellos: *Argyrotaenia pulchellana*, *Pandemis dumetana*, *Choristoneura lafauriana* cuyas larvas atacan los frutos en pleno verano y corroen particularmente los limbos de las hojas, provocando, en los casos más graves, grandes defoliaciones; se combaten con carbamatos (Pirimicarb, Metomilo, etc.) que no obstante deben administrarse a una distancia conveniente de la cosecha.

63

Los ácaros

Generalmente polífagos, los ácaros pueden provocar daños considerables en la fresa.

Las especies más extendidas son las arañas rojas, *Tetranicus urticae*, *Tetranicus altheae* (pequeñas arañas rojas) y las arañas amarillas *Stenotarsonemus fragariae*. Se trata de artrópodos de dimensiones muy pequeñas, muy prolíficos, hasta el punto que presentan hasta 10 generaciones por año. Hibernan bajo forma de hembras fecundadas y depositan sus huevos a principios de la primavera en el borde inferior de las hojas. Chupando la savia de la que se alimentan, provocan el debilitamiento de la planta, decoloraciones parduzcas y desecamientos dispersos.

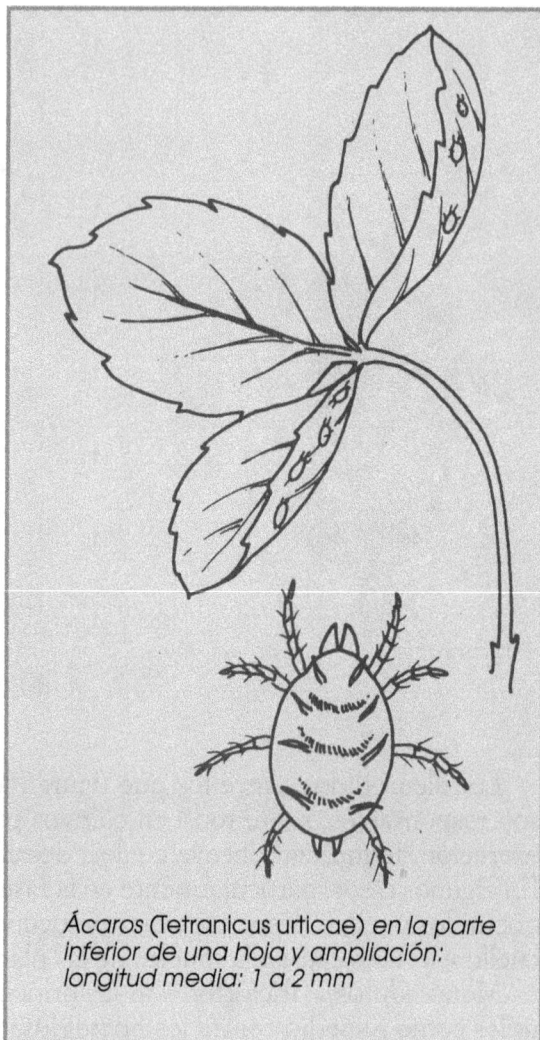

Ácaros (Tetranicus urticae) en la parte inferior de una hoja y ampliación: longitud media: 1 a 2 mm

Los ácaros se combaten con productos específicos contra los huevos, las larvas o los adultos. Se obtienen resultados satisfactorios tratando la planta en la fase vegetativa con una mezcla de protoato y tetradifon (incluso en presencia de pulgones) o una mezcla de dicofol y tetradifon durante la floración.

Los nematodos

Los nematodos son organismos en forma de gusanos ubicuos a los que pertenecen numerosas especies endoparasitarias del follaje y que pueden atacar las raíces, las hojas y las flores.

A menudo de dimensión microscópica, a veces alcanzan de 1 a 1,3 mm de longitud. Pueden sobrevivir bajo una forma saprófita en el suelo o ser transmitidos por el material de multiplicación. Las especies más extendidas en las fresas son: *Ditylenchus dipsaci, Aphencoides fragariae, Aritzemabosi* (varias especies), y *Meloydogine* (varias especies). Entre estas, sólo las especies pertenecientes al género *Meloydogine* atacan las raíces de las fresas, causando la aparición de excrecencias responsables de una clara disminución del vigor y la productividad de la planta.

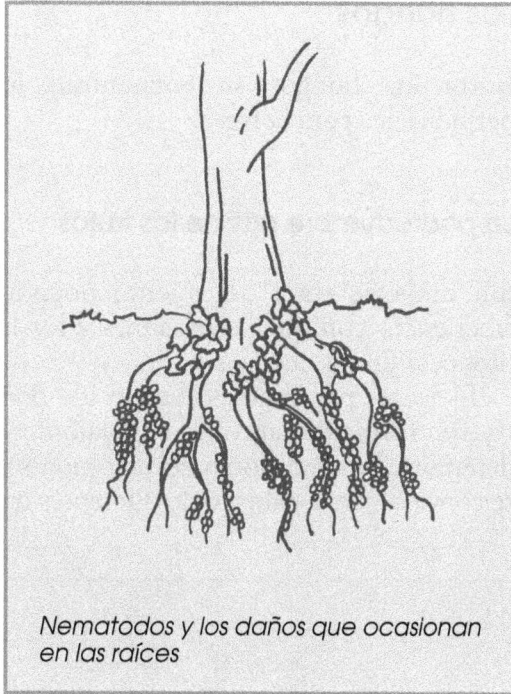

Nematodos y los daños que ocasionan en las raíces

Los síntomas causados por la presencia en los órganos epigeos de la planta del *Ditylenchus dispaci* consisten en un enanismo marcado, una producción limitada de hojas, flores y frutos que a menudo están deformados.

La presencia de *Aphelencoides fragariae* y *Aritzemabos* se revela en las pequeñas dimensiones de los limbos de las hojas que aparecen recortadas y con el borde ligeramente enrojecido. En los viveros sobre todo, la lucha contra los nematodos debe hacerse vigilando muy especialmente las rotaciones y los abonados del suelo. En caso de una particular virulencia, se actúa con nematicidas específicos, con un desinfectante antes de la siguiente plantación.

Los hongos

Entre los hongos se encuentran los agentes parasitarios más perjudiciales para la fresa.

La podredumbre gris de los frutos

Sin duda se trata del agente nocivo más temido, a causa de la frecuencia con que se presenta y los importantes daños que puede provocar en los cultivos.

El agente patógeno es el conocido *Botrytis cinerea*, un criptógamo que vive en forma de saprófito en cualquier tipo de sustancia orgánica. En determinadas condiciones del entorno y según la receptividad del huésped, se convierte en el parásito de diferentes órganos epigeos de la planta.

Infección difusa de podredumbre gris de los frutos

La humedad estancada y elevada propia de los cultivos demasiado densos que se encuentra en un entorno protegido y mal aireado, así como las temperaturas superiores a los 15 °C predisponen la aparición de esta enfermedad.

Prácticamente todos los órganos epigeos de la fresa en cualquier estadio están sujetos a la infección del *Botrytis.* Sin embargo, el ataque a las flores y a los frutos en vías de maduración es particularmente nocivo.

En condiciones óptimas para el criptógamo (humedad elevada del aire y temperatura comprendida entre los 25 y 30 °C), el ataque de la flor provoca la destrucción de las partes afectadas. En condiciones poco favorables para el *Botrytis*, este permanece en forma latente, constituyendo una peligrosa fuente de inoculación.

En el fruto, después de haber penetrado en el punto de inserción del pedúnculo, primero ocasiona un ligero ennegrecimiento, inmediatamente seguido por la emisión de un micelio grisáceo de aspecto purulento.

La infección puede transmitirse fácilmente por contacto de un fruto a otro, provocando la aparición de podredumbre incluso en la fase posterior a la cosecha.

La lucha contra el *Botrytis* debe ser preventiva, gracias al empleo de principios activos adecuados (Vinclozolina; Procimidona; Iprodiona) a partir de la formación de los capullos y asegurándose bien de que los productos lleguen a todo el follaje. Los tratamientos se renovarán, en función de las condiciones del entorno más o menos favorables para el desarrollo del criptógamo y de los plazos de carencia previstos para los diferentes productos empleados.

El oídio o *mal blanco*

Los agentes patógenos del mal blanco son los hongos ascomicetos *Sphaerotheca humuli.* Su acción se manifiesta particularmente sobre las hojas, al principio por manchas blanquecinas de micelio que se extienden pronto a la hoja entera. Las hojas en este estado se encogen y se secan.

En algunas especies cultivadas, la enfermedad se manifiesta a través de manchas rojizas irregulares.

Aunque en menor medida, el micelio puede insinuarse también en los frutos que aún no han madurado, causando importantes daños.

El *mal blanco* se combate con la ayuda de productos a base de azufre o dinocap, mediante tratamientos que se aplican desde la reactivación vegetativa hasta el envero (es decir la maduración) de los frutos, teniendo cuidado de respetar los plazos de carencia de 5 días antes de la recolección para el azufre y 20 días para el dinocap.

La podredumbre parda de los frutos

Esta podredumbre, causada por la *Phytophtora cactorum*, puede afectar a los frutos a lo largo de su formación.

En estos últimos, se observan ante todo manchas de ennegrecimiento que posteriormente adquieren un color característico; la lluvia o los riegos sucesivos son los factores que predisponen a la enfermedad. La presencia del patógeno puede manifestarse, particularmente en el periodo de posplantación, a través de la necrosis de los cuellos y del rizoma lo cual provoca un ajamiento difuso del follaje.

Conjuntamente con otros elementos patógenos, los ascomicetos *Phycophtora cactorum* también son responsables de la degeneración pro-gresiva o del colapso al que están sujetas ciertas especies cultivadas; se trata del *Phytium* (varias especies), la *Rhizoctonia* (varias especies), el *Cylindrocarpon* (varias especies) que atacan el sistema radical y el cuello de las plantas, allí donde los cultivos de fresas se suceden ininterrumpidamente.

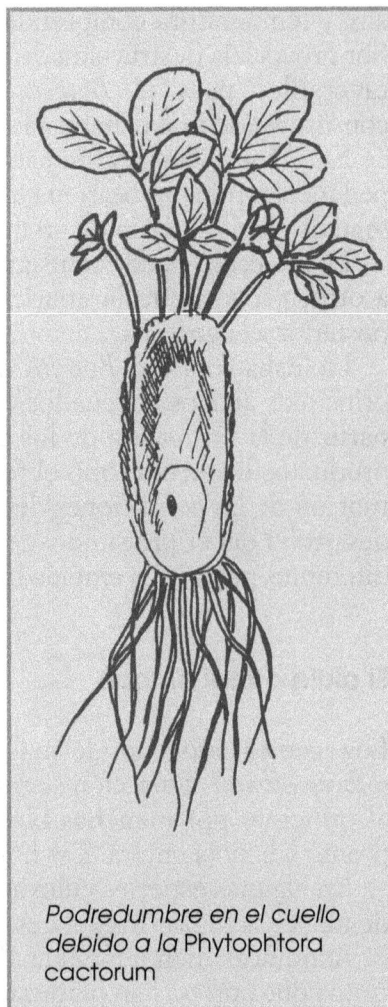

Podredumbre en el cuello debido a la Phytophtora cactorum

Enfermedad de la mancha púrpura de las hojas

Se trata de una enfermedad, también llamada viruela, causada por el *Mycosphaerella fragariae*, bastante corriente, pero fácilmente controlable con la ayuda de tratamientos polivalentes anticriptogámicos. Esta se manifiesta a través de lesiones necróticas redondeadas (3 a 5 mm) sobre las hojas, de color rojo oscuro que en una segunda fase son parduzcas o grises, aunque siguen conservando un nimbo rojizo.

Cuando la hoja está muy afectada, la hoja presenta amplias zonas desecadas.

La enfermedad se ve favorecida por las condiciones de una elevada humedad ambiental y por una temperatura superior a 18 ºC.

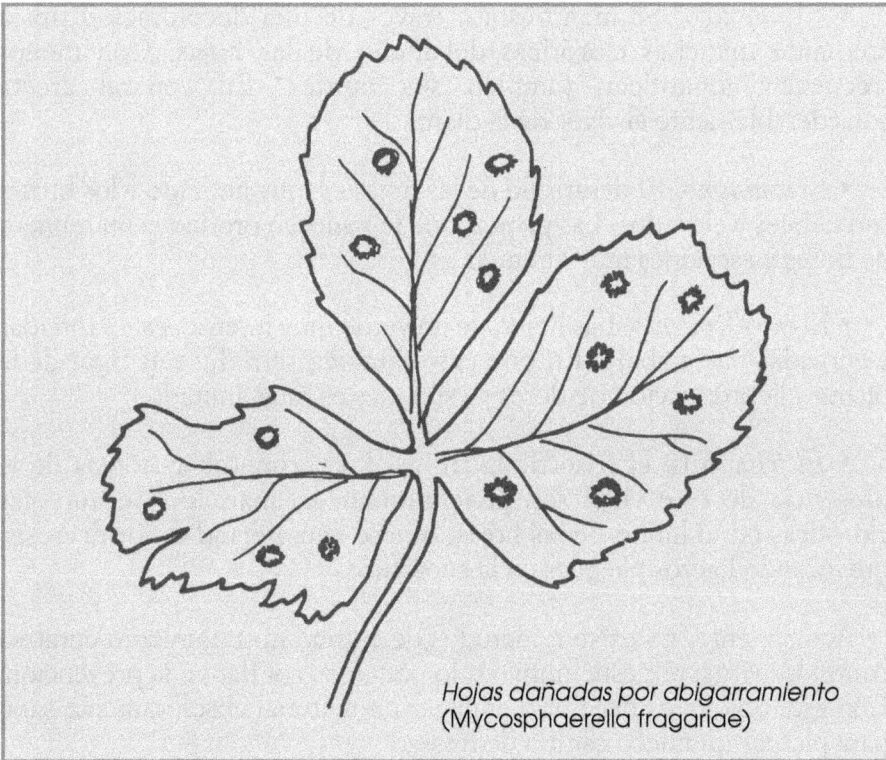

Hojas dañadas por abigarramiento
(Mycosphaerella fragariae)

Los virus

La infección de la fresa a causa de los virus origina daños considerables que en la mayor parte de los casos pueden comprometer gravemente todo el cultivo. Los virus conocidos en el cultivo de la fresa son numerosos; se trasmiten a través de picaduras de pulgones y cicádidos, pero el material de los viveros también puede ser fuente de infección. El diagnóstico sistemático de las virosis de la fresa es muy difícil. En efecto, no es raro que la infección se manifieste a través de síntomas que pueden atribuirse fácilmente a enfermedades o a manifestaciones patológicas de otra naturaleza, durante un examen superficial. Por el contrario, algunos virus poseen síntomas característicos que no dejan duda sobre su origen. Se trata de los virus responsables de enfermedades conocidas como el *mosaico*, el *enanismo*, el *enrollamiento* y el *frisado*.

• El *mosaico*. Se manifiesta a través de una decoloración típica mediante manchas cloróticas del limbo de las hojas. Con menos frecuencia amarillean también sus bordes. En general afecta considerablemente al vigor de la planta.

• El *enanismo*. El desarrollo de las hojas es muy limitado y los brotes son débiles y elevados. Las plantas que lo padecen producen un número de flores y estolones muy limitado.

• El *enrollamiento*. Las hojas, de un verde muy intenso, están torcidas y curvadas hacia abajo. En este caso también se reduce el vigor de la planta y la producción de flores y estolones es muy limitada.

• *El frisado* (o el friso de la fresa). Los primeros síntomas de la presencia de este virus son generalmente la aparición de aureolas cloróticas en el limbo de las hojas, que se ven afectadas por necrosis, provocando ligeros pliegues en la superficie.

Actualmente, no existen métodos de cultivo ni tratamiento curativo contra los virus; por este motivo sólo podemos confiar en la prevención. Con este objeto, es necesario emplear un material absolutamente sano para plantar un nuevo campo de fresas.

Las plantas sanas pueden obtenerse gracias a las técnicas de *termoterapia* y *micropropagación.* Ya hemos hablado anteriormente del método para obtener plantas por micropropagación. El tratamiento de termoterapia se basa en la diferencia de sensibilidad al calor de las células vegetales en relación con los virus. En efecto, las primeras toleran sin problemas temperaturas frente a las cuales los virus son inactivos.

En el caso de la fresa, las plantas están sometidas a un régimen térmico de 37 ºC durante 11 días, lo que se revela letal para cualquier tipo de virus que pueda haber. Las plantas sometidas a estos cuidados a continuación se multiplican bajo gas en un medio casi estéril; y luego en viveros situados a una distancia de 1 a 2 kilómetros de los cultivos en el exterior, bajo un estricto control fitosanitario que consiste sobre todo en una lucha química contra los vectores de los virus, para impedir que las cepas así obtenidas vuelvan a contaminarse.

Otra importante forma de prevención contra la difusión de los virus consiste en efectuar tratamientos contra los posibles parásitos como pulgones, cicádidas y nematodos en el momento oportuno.

Los microplasmas

Los microplasmas son organismos unicelulares que se introducen en las células vegetales gracias a las picaduras de las cicádidas. Su presencia en la fresa se ha observado pocas veces en España, pero en caso de infección los daños son importantes. Los síntomas pueden confundirse con los provocados por los virus.

Se produce un engrosamiento de los sépalos florales, los pétalos son muy pequeños y los órganos sexuales generalmente estériles; la fructificación es escasa e insuficiente. Las hojas existentes antes de la infección adquieren un color amarillento que, en otoño, se torna rojizo, mientras que aquellas producidas recientemente son pequeñas, rugosas y deformadas.

En algunos casos, puede manifestarse una anomalía llamada *raquitismo* que consiste en producir numerosos folíolos de nervaduras alargadas, con el limbo estrecho y de aspecto enmarañado.

No existen productos específicos contra los microplasmas. El único método de lucha es preventivo y consiste en emplear un material de plantación absolutamente fiable.

Otras enfermedades

Entre las enfermedades de la fresa de carácter no parasitario, algunas pueden atribuirse a factores climáticos o edáficos.

Aunque la fresa posea un patrimonio genético estable en general, pueden producirse, si bien es poco corriente, alteraciones de naturaleza cromosómica a las cuales pueden atribuirse estados patológicos como la *clorosis variegada*, en las variedades de creación reciente. Los síntomas más evidentes aparecen en la primavera y consisten en una clorosis difusa del limbo de la hoja acompañada de deformaciones, abultamientos, frisados y debilitamiento de su desarrollo, con lo cual la planta se ve sometida a un estado de sufrimiento.

Los únicos remedios contra la *clorosis variegada* consisten en el empleo de un material de cultivo sano y en la eliminación de aquellas plantas que manifiestan esos síntomas.

En la fase productiva sobre todo, el fresal puede verse dañado a causa de factores climáticos desfavorables como el hielo. En general, este provoca deformaciones en las hojas que si bien no ejercen una influencia decisiva sobre el desarrollo posterior de la actividad vegetativa y reproductiva, pueden causar, en los casos más graves, un deterioro irreparable del parénquima de las hojas. Las flores son mucho más sensibles al frío que las hojas. La acción del hielo puede determinar la necrosis de los órganos florales y comprometer por lo tanto la producción de forma irremediable.

Entre las alteraciones que se pueden atribuir a una carencia de elementos nutritivos se encuentra el ennegrecimiento del borde de las hojas.

El fenómeno se manifiesta a comienzos del verano en un entorno protegido a una temperatura superior a 25 °C. La enfermedad se inicia con la decoloración de las hojas más jóvenes; en una segunda fase, estas adquieren un color marrón y al final ennegrecen. En consecuencia, las hojas afectadas a su vez continúan creciendo deformadas, enrolladas y poseen una nervadura flexible y larga.

La enfermedad se ha atribuido a una carencia combinada de magnesio, calcio y boro, y también se ha señalado el diferente grado de sensibilidad de las variedades más extendidas ante esta alteración de las hojas del fresal debida a factores nutricionales.

Tratamientos

Con la lectura de los apartados anteriores, se puede constatar la clara complejidad de la protección de la fresa.

Algunos tratamientos, sobre todo aquellos que son anticriptogámicos, deben seguirse de forma preventiva, según un plan de intervención estipulado previamente, en función de los estadios fenológicos del cultivo y las condiciones climáticas. Por el contrario, otros tratamientos contra los parásitos animales se realizarán en el momento en que se haya constatado su presencia.

Durante la fase previa a la plantación (sobre todo en vivero), se aconseja realizar la fumigación del suelo. Con ello, se previene la acción nociva de los criptógamos, nematodos e insectos terrestres responsables del desmejoramiento progresivo de la planta.

Malformaciones de los frutos debidas a un defecto de fecundación de las flores

Debe realizarse al menos tres o cuatro semanas antes de la plantación de las fresas, con uno de los productos siguientes: bromuro de metilo, dicloropropano-dicloropropeno (D.), dicloropropeno + metilisotiocianato, dazomet, bromuro de metilo + cloropicrina. Este último producto da muy buenos resultados.

Los tratamientos necesarios en la fase de posplantación se resumen en la tabla siguiente.

PROTECCIÓN DE LA FRESA				
Periodo	Agente nocivo	Principios activos	Dosis aconsejada m.a./hl de solución	hl/ha de solución
Post-plantación (agosto-septiembre)	Oídio	Dinocap o azufre soluble	80-100 g 200 g	10-15 10-15
	Enfermedad de la mancha púrpura de las hojas	Folpel	200-250 g	10-15
	Podredumbre	Metalaxil y Folpel	250 g	10-15
	Pulgones, Noctuidos, Otiorrynchus, Ácaros	Metilazinfos metilo	200 g	8- 12
Reactivación vegetativa	Pulgones	Mevinfos	150 cc	8- 12
	Oídio	Azufre soluble	200 g	10-15
	Ácaros	Dicofol y Tetradifon	200 cc	10-12
Pre-floración	Botrytis	Vinclozolina	100 g	10-15
Floración	Botrytis, Podredumbre y enfermedad de la mancha púrpura de las hojas	Vinclozolina y Folpel	80 g + 150 g	10-15
	Pulgones	Piretroides	150 g	

A PROPÓSITO DEL CULTIVO BIOLÓGICO

El renovado interés que despierta el cultivo biológico responde a una creciente demanda de los consumidores por los alimentos «bio»; esto se inscribe en el plano de una nueva exigencia: la de alimentarse de una forma sana. En la era del cultivo intensivo, son numerosos los particulares o incluso las empresas que se ven atraídas por el cultivo biológico. Si bien la cuota del mercado biológico actualmente representa una fracción muy reducida del presupuesto total destinado a la alimentación, su apertura ofrece oportunidades nada desdeñables. Las bases fundamentales de esta forma de cultivo exigen una intensa motivación por parte de los agricultores y una transformación de las técnicas de cultivo, ya que se funda en:

— la eliminación de los productos químicos de síntesis;
— la creación de un nuevo ecosistema;
— el abandono de la explotación intensiva del suelo;
— el retorno a la rotación de cultivos;
— el reciclaje de las sustancias orgánicas naturales.

Es importante señalar que el rendimiento obtenido es mucho menor que el del cultivo intensivo, pero, en contrapartida, los agricultores extraen frutas y verduras sanas, y esto en armonía con el ecosistema natural.

Los elementos que constituyen el suelo

No debemos olvidar nunca que el éxito de los futuros cultivos dependerá de la calidad del suelo; por lo tanto es primordial conocer bien los principios que lo constituyen.

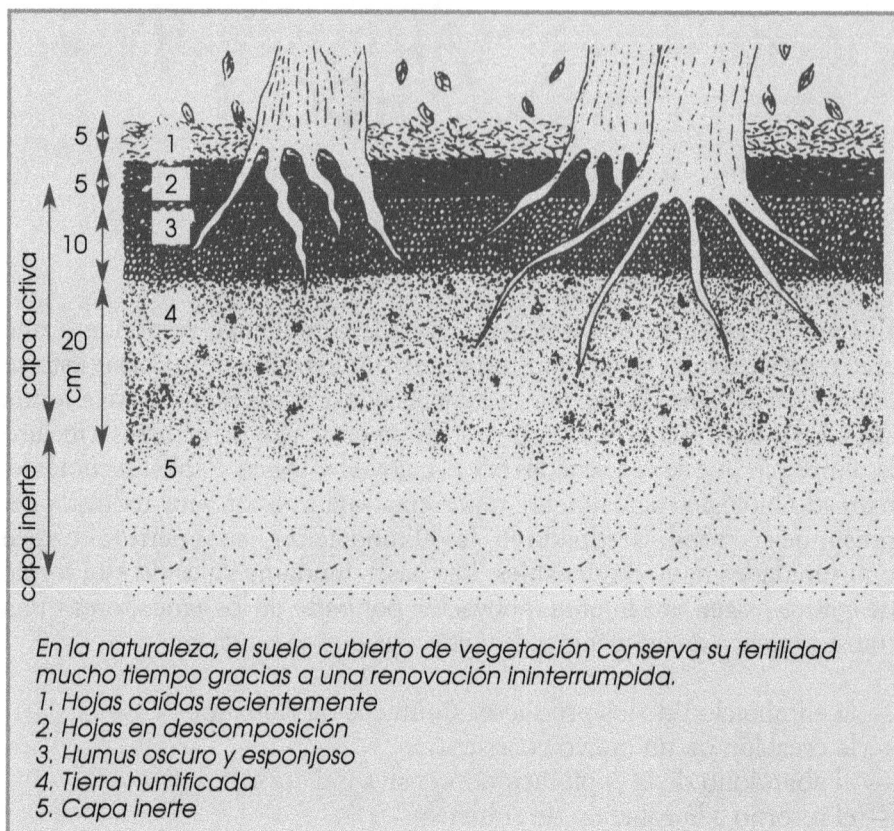

En la naturaleza, el suelo cubierto de vegetación conserva su fertilidad mucho tiempo gracias a una renovación ininterrumpida.
1. Hojas caídas recientemente
2. Hojas en descomposición
3. Humus oscuro y esponjoso
4. Tierra humificada
5. Capa inerte

En estado natural, el suelo es la parte de la tierra donde se desarrolla la parte más importante del sistema radical de los vegetales. Este se encuentra enriquecido constantemente por el follaje que lo recubre (sobre todo las hojas muertas) y enriquece sus diferentes capas a través del proceso de descomposición. En el suelo cabe diferenciar dos capas principales:

— la capa superior o *capa activa*, muy rica en humus, agua y aerobios. Esta capa debe estar aireada, además de ser rica y ligera;
— la capa inferior o *capa inerte* es una tierra compacta, muy rica en anaerobios y compone el último estrato antes de la roca madre.

Las sustancias minerales

El suelo está constituido en un 90 % de sustancias minerales. Estas sustancias son:

— la arcilla que fija las sustancias minerales, aporta una gran riqueza a la tierra y permite almacenar agua;
— la arena, la gravilla y los guijarros que realizan una función esencial favoreciendo la circulación del aire y del agua;
— el limo.

La materia orgánica

Está formada por todos los organismos vivos. Los elementos principales que la constituyen son las siguientes: el carbono, el nitrógeno, el oxígeno y el hidrógeno.

El humus representa este depósito de sustancias orgánicas y es un elemento de gran valor, que permite el almacenamiento de agua y aporta los nutrientes necesarios para el desarrollo de las plantas. Además de las sustancias orgánicas y minerales, el suelo está constituido por una flora (bacterias, hongos microscópicos...) y una fauna abundante (lombrices de tierra, insectos, arácnidos...) que desempeñan un papel absolutamente esencial en el equilibrio del suelo.

Conocer la naturaleza del suelo

Cabe distinguir cuatro tipos de suelos:

• *Los suelos blandos.* Compuestos esencialmente de materiales arenosos (hasta un 70 % de la materia total), su permeabilidad es importante y provoca una gran pérdida de agua y de sustancias nutrientes).

• *Los suelos pesados.* Están constituidos en su mayor parte de arcilla y dificultan el paso del aire. Una capa de limo puede formarse en su superficie.

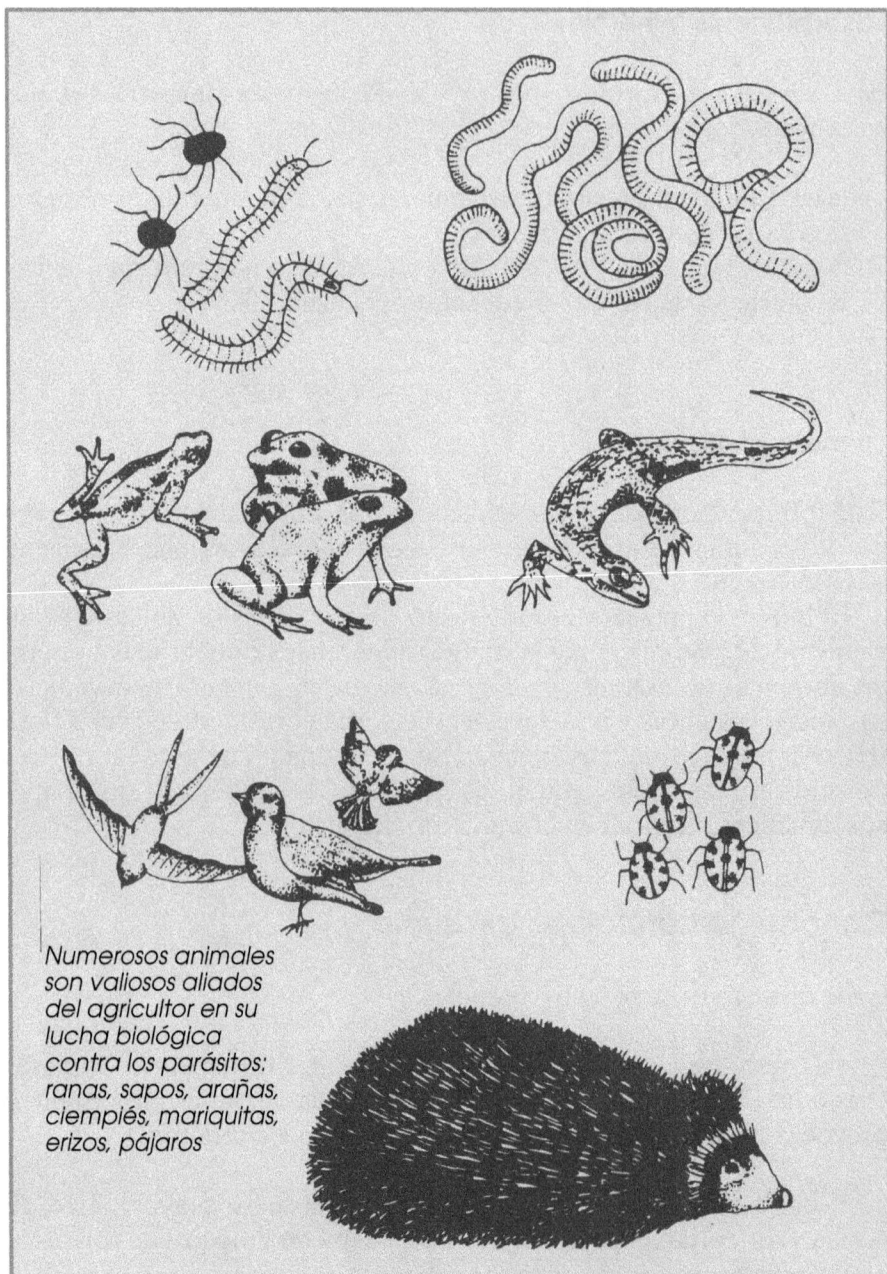

Numerosos animales son valiosos aliados del agricultor en su lucha biológica contra los parásitos: ranas, sapos, arañas, ciempiés, mariquitas, erizos, pájaros

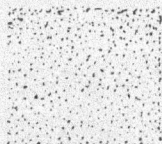 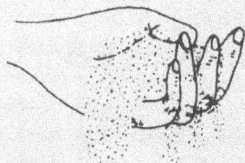 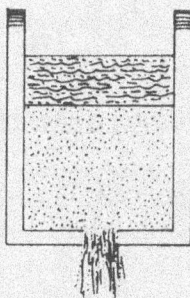

suelo blando

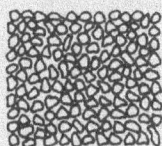 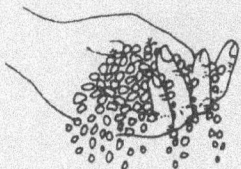 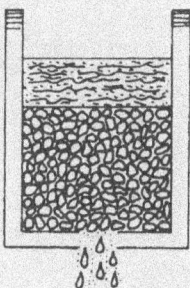

suelo franco

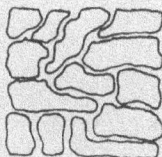 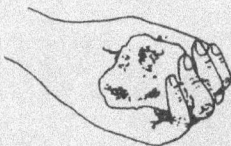 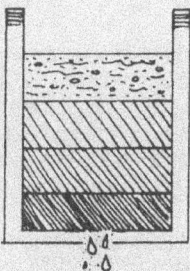

suelo compacto

Las características del suelo pueden evaluarse para fines prácticos mediante métodos simples

• *Los suelos húmicos.* Su estructura es más ligera. Contienen un 20 % de sustancias orgánicas. Tienden a ser demasiado ácidos.

• *Los suelos francos.* Son tierras de constituyentes equilibrados.

¿Cómo pasar del cultivo tradicional al cultivo biológico?

Un suelo enriquecido demasiado tiempo mediante abonos y fertilizantes químicos debe ser sometido a una limpieza; efectivamente, es

---

EN FASE DE TRANSICIÓN (HASTA 2 AÑOS)

• Fertilizar el suelo con frecuencia, en pequeñas cantidades.

• Humidificar paulatinamente el suelo (la microflora va a multiplicarse progresivamente y a absorber todas las sustancias químicas de síntesis en suspensión en el suelo).

• En último lugar, se realiza el abonado del suelo.

LOS PRODUCTOS «BIO»

Existen diversas categorías de productos biológicos. Esta denominación se aplica en efecto, tanto a aquellos productos que han respetado totalmente los principios de la agricultura biológica como a aquellos que sólo aplican en los cultivos parte de estos principios. Para ayudar al consumidor a comprender lo que se esconde detrás de una etiqueta «producto bio», las autoridades competentes han clasificado los productos en cinco grupos.

• **Los productos «bio» en un porcentaje superior a un 95 %:** el contenido de estos productos en ingredientes biológicos de origen agrícola es superior a un 95 % y su etiquetado está autorizado.

• **Los productos «bio» en un porcentaje superior a un 70 %:** estos productos no pueden utilizar la denominación «agricultura biológica» en la venta, pero pueden indicar el porcentaje.

imprescindible *desintoxicarlo* para eliminar, por una parte, las sustancias químicas de síntesis, y por otra parte, para volver a crear una fauna y una flora suficientemente ricas y favorecer así el desarrollo natural de los vegetales que vayan a plantarse posteriormente.

Estas son las diferentes etapas que se deben seguir.

Si el suelo se encuentra demasiado agotado por cultivos llamados «intensivos», es conveniente someterlo a un amplio periodo de descanso y a continuación proceder a un abonado en verde. Se trata simplemente de fertilizarlo con vegetales vivos. Se enterrarán plantas en el suelo, sobre todo forrajeras, unos días antes de su floración, ya que es el periodo en el que los vegetales son más ricos en nutrientes. A medida que estos se transformen en humus, se liberarán las plantas enterradas.

El cultivo biológico aplicado a las fresas

El suelo

Las fresas se desarrollan particularmente bien en los suelos ligeramente ácidos y ricos en humus. Puede fertilizarse el suelo con abonos a base de algas. La fresa no tolera los suelos calcáreos.

• **Los productos «bio» en un porcentaje superior a un 50 %:** esta categoría debería desaparecer pronto.

• **Los productos «bio» en un porcentaje inferior a un 50 %:** no están autorizados a mencionar el cultivo biológico en las etiquetas.

• **Los productos «bio» en conversión:** son productos controlados, cuyas materias primas proceden de explotaciones en conversión hacia la agricultura biológica desde al menos un año antes de la cosecha. Se autoriza mencionar esta situación en la etiqueta.

Es conveniente saber que desde el 1 de enero de 1997, el nombre del organismo certificador es obligatorio en todos los productos de agricultura biológica.

Se deben plantar las fresas en un lugar al abrigo del viento y bien expuesto. Para no agotar el suelo se realizará una rotación, cada cuatro años.

La selección de las variedades

No existen variedades específicas para el cultivo biológico. Oriente su elección hacia las variedades modernas que resisten bien los virus (*Chandler, Douglas, Gariguette, Selva, Elsanta*).

La plantación, el mantenimiento y el rendimiento

Se planta en agosto-septiembre. Hay que suprimir los estolones cuando aparezcan, eliminar malas hierbas y aportar *compost* en otoño. El rendimiento varía entre 10 y 15 t/ha según el suelo y el clima.

PRODUCTOS AUTORIZADOS PARA COMBATIR LOS PARÁSITOS Y LAS ENFERMEDADES

- Preparados: a base de piretrinas extraídas del *Chrysanthemum cinerariefolium;* a base de *Derris elliptica;* a base de *Ryania speciosa;* a base de metaldehído; a base de feromonas; a base de *Bacillus thuringiensis*
- Propóleos
- Tierra de diatomea
- Polvo de roca
- Azufre
- Caldo bordelés, caldo borgoñón
- Silicato de sodio
- Bicarbonato de sodio
- Jabón potásico
- Aceites: vegetales y animales; aceite de parafina

COSTES DE PRODUCCIÓN, MERCADO Y REGLAMENTACIÓN

Costes de producción

El análisis del coste medio de producción demuestra claramente la

Cargas fijas	
Plantas	16,25 ptas. la unidad, o sea 562.500 ptas.
Amortización material	312.500 ptas.
Amortización materiales	700.000 ptas.
Otras cargas	287.000 ptas.
Subtotal 1:	**1.862.000 ptas.**
Cargas variables	
Mano de obra	
Recolección	3.375.000 ptas.
Fuera de recolección	1.625.000 ptas.
Mecanización	225.000 ptas.
Fertilización	400.000 ptas.
Paja	150.000 ptas.
Cobertura	462.000 ptas.
Tratamiento	140.000 ptas.
Otras cargas	37.500 ptas.
Subtotal 2:	**6.414.500 ptas.**
Total cargas	**8.276.500 ptas.**

importante aportación económica que necesita la fresa, tanto en el cultivo al aire libre como en cultivo protegido.

En relación con los factores agronómicos y climáticos y la productividad de la plantación, evidentemente el cálculo de los costes de producción pueden variar con respecto a los apuntados por los observadores.

A título de ejemplo, la tabla de la página anterior resume el coste de producción por hectárea. Es importante insistir en el hecho de que el éxito en el cultivo *intensivo* de la fresa depende de forma primordial — desde el momento en que la cosecha es buena— de la productividad de la mano de obra.

La plantación posee las características siguientes: la variedad *Elsanta* plantada con 35.000 plantas por hectárea, y plantas de cámara en junio-julio, conducida bajo un gran túnel plástico riego por goteo, conservada dos años, y una producción de 18-20 toneladas por hectárea.

Así, teniendo en cuenta el rendimiento, el coste del producto recolectado se eleva a unas 312,5 pesetas el kilogramo.

El mercado

La rentabilidad del cultivo depende por una parte de los costes que sostiene el productor, y por el otro lado, de los precios que obtiene el producto en el mercado.

Actualmente, las fresas frescas, en la producción nacional o extranjera, están presentes en los mercados más importantes todos los meses del año. En consecuencia, el curso de los precios es inverso al de las cantidades objeto de la oferta. A este propósito, por las encuestas realizadas en los mercados de las distintas regiones sabemos que los precios más elevados se encuentran, lógicamente, durante los meses de diciembre hasta mediados de febrero, mientras que los precios más bajos se alcanzan en el mes de junio, cuando la producción es máxima. Únicamente a mediados de junio los precios tienden a volver a subir; en efecto, la fresa se encuentra entre los frutos y las verduras cuya demanda es más constante.

Habida cuenta de esta situación se comprende que la rentabilidad de la fresa depende no sólo del aumento del rendimiento, sino también de una buena comercialización del producto.

A menudo, unos días de diferencia bastan, particularmente a comienzos y a finales del calendario de la cosecha, para obtener precios considerablemente distintos.

Un producto tan perecedero como la fresa exige una organización comercial muy eficaz (en especial para la producción del sur de España, alejada de los mercados finales) ya que el producto está destinado en un 70 % a los mercados nacionales y el 30 % restante al extranjero.

Reglamentación

Actualmente las fresas comercializadas en la UE están sometidas a las normas de calidad definidas por el reglamento n.º 899/87 modificado por los reglamentos n.º 3594/89 y n.º 1435/91. La norma en vigor establece las características cualitativas, el calibre y la tolerancia que deben respetar todas las partidas de fresas destinadas al consumo como producto fresco, excluyendo aquellas destinadas a la transformación industrial.

En el momento en que se ponen a la venta, después de su acondicionamiento y el embalaje, los frutos deben estar enteros, sin manchas, provistos del cáliz y de un corto pedúnculo verde no desechado (salvo las fresas silvestres), tienen que estar sanos e indemnes a los ataques de insectos o enfermedades, limpios, en particular sin los menores residuos visibles antiparasitarios, no lavados y desprovistos de olores o sabores extraños. Los frutos deberán recogerse a mano con cuidado y haber adquirido un desarrollo completo y normal. Su grado de madurez debe permitir el transporte y las operaciones anexas y responder a las exigencias comerciales del lugar de destino.

Las fresas se clasifican en cuatro categorías. La categoría «extra» designa a aquellas de calidad superior. Deben presentar: coloración y forma típica de su variedad; madurez, coloración y dimensiones uniformes y regulares; aspecto brilante y sin tierra en la superficie.

Los frutos de la categoría «1» deben ser de buena calidad; pueden ser menos homogéneos en lo que concierne a las dimensiones, la forma y el aspecto y pueden presentar una puntita cónica blanca; deben estar prácticamente limpios de la tierra que pudiera recubrirlos.

Los frutos de la categoría «2» comprenden las fresas que no pueden clasificarse en las categorías superiores. Los frutos pueden presentar defectos de forma, pero deben conservar las características propias de su variedad. Una punta cónica blanca es aceptable, pero esta no puede exceder 1/5 de la superficie del fruto; se aceptan igualmente ligeras magulladuras no susceptibles de evolucionar y huellas de tierra.

Los frutos de la categoría «3» comprenden las fresas que no pueden clasificarse en las categorías superiores, aunque cierto número de criterios mínimos se corresponden con la categoría «2». Estas pueden presentar: ligeras magulladuras, puntas blancas o verdes que no exceden 1/3 de la superficie del fruto, restos de tierra.

Igualmente pueden figurar en esta categoría los frutos desprovistos de cáliz (10 %), con la condición de que no hayan experimentado ningún daño. Además, las fresas deben tener el calibre mínimo siguiente, medido sobre el diámetro máximo de la sección normal del tallo del fruto.

• *Tolerancias de calidad*

1. Categoría «extra»: 5 % en número o peso de fresas que no se corresponden con las características de su categoría, pero están conformes a las de la categoría «1».

2. Categoría «1»: 10 % en número o peso de fresas que no se corresponden a las características de su categoría con la excepción de los frutos visiblemente deteriorados o considerablemente dañados.

3. Categoría «2»: 10 % en número o peso de las fresas que no se corresponden con las características de su categoría con la excepción de los frutos visiblemente deteriorados o considerablemente dañados.

DISPOSICIONES EN TORNO AL CALIBRE	
Fresas de la categoría «extra»	25 mm
Fresas de las categorías «1» y «2»	22 mm (salvo variedades *Primella* y *Gariguette*) *Primella* y *Gariguette* 18 mm
Fresas de la categoría «3»	15 mm
Fresas silvestres	ningún calibre mínimo exigido

Las fresas podridas se limitan a un 2 %.

4. Categoría «3»: 15 % en número o peso de fresas que no se corresponden con las características de su categoría, salvo los frutos visiblemente deteriorados o considerablemente dañados.

Las fresas podridas se limitan a un 4 %.

Se tolera un 10 % de fresas: desprovistas de cáliz para los frutos presentados con su pedúnculo y su cáliz o provistos de su cáliz para los frutos presentados sin pedúnculo y sin cáliz.

• *Tolerancias de calibre*

Para todas las categorías, un 10 % en número y peso de las fresas que no se corresponden con el calibre mínimo establecido.

Incluso los embalajes y la presentación del producto están sujetos a las disposiciones previstas en el reglamento.

En lo que respecta al acondicionamiento, debe ser tal que asegure al producto una protección suficiente de los embalajes unitarios; el papel o los demás materiales utilizados en el interior del embalaje deben ser nuevos, exentos de sustancias nocivas para la alimentación. Los textos impresos deben figurar exclusivamente en la parte externa, de forma que no estén en contacto con el producto. En el acondicionamiento, los embalajes no deben contener cuerpos extraños.

Las fresas de la categoría «extra» deben estar acondicionadas con especial esmero.

En el exterior de cada embalaje deben inscribirse en caracteres legibles e indelebles las indicaciones siguientes (que eventualmente pueden mencionarse en una etiqueta en el interior): *identificación* (embalador, expedidor, nombre y dirección o símbolo de identificación); *naturaleza del producto* (se escribirá «Fresas» si el contenido no es visible en el exterior;.el nombre de la variedad es facultativo, salvo para las variedades *Primella* y *Gariguette* para los cuales es obligatorio mencionarlas); *origen del producto* (zona de protección o denominación nacional, regional o local); *características comerciales* (categoría); *etiqueta oficial de control* (facultativa).

Los pequeños embalajes unitarios pueden ser de listones de madera, pasta de madera, poliestireno antichoque o de otro material adaptado. Deben estar perfectamente confeccionados con objeto de evitar que el producto resulte dañado y que no se rompa. Su altura no debe rebasar los 10 cm.

RECETAS

Corona de fresas

PARA 6 PERSONAS

300 g de queso blanco
6 hojas de gelatina
120 g de azúcar granulada
300 g de nata líquida
1 kg de fresas
jalea de grosellas

Después de lavar y desprender los rabitos a las fresas, escurrirlas en un colador, y luego en papel absorbente.

Remojar las hojas de gelatina en agua fría y, después de secarlas, añadirlas a 1 dl de agua caliente edulcorada con el azúcar, removiendo para disolver la gelatina. Verter este jarabe de gelatina sobre el queso blanco sin dejar de batir.

Batir la nata líquida montándola en chantillí que se incorporará al queso blanco. Añadir 800 g de fresas cortadas en trozos. Verter el preparado en un molde de bizcocho (corona) untado ligeramente con aceite y dejarlo reposar 5 horas en el frigorífico.

Sobre una bandeja, desmoldar la corona, decorar con el resto de las fresas y cubrir con la jalea de grosellas fundida antes de servirla.

Crumble de fresas

PARA 4 PERSONAS

750 g de fresas
1 manzana
100 g de azúcar moreno en polvo
100 g de mantequilla
150 g de harina integral

Formar un montículo con la harina y la mantequilla reblandecida, y mezclar con 50 g de azúcar. Poner las fresas limpias y cortadas en trozos en una bandeja de gratinar untada con mantequilla, así como la manzana pelada y cortada en dados pequeños. Desmenuzar la pasta sobre las fresas y espolvorear el azúcar restante. Hornear a 240° C durante una media hora hasta que la superficie se dore. Se puede servir con una bola de helado de vainilla.

Ensalada de piña y fresas al jengibre

PARA 4 PERSONAS

1 piña pequeña
150 g de fresas
el zumo de 1/2 limón
100 g de azúcar en trozos
1 raíz de jengibre

Pelar y rallar el jengibre (también se puede cortar en láminas muy finas). Preparar un almíbar con el azúcar, el limón y 1 dl de agua. Añadir el jengibre al hervir. Dejar hervir a fuego muy lento durante 5 minutos. Retirar la corteza de la piña, cortar la pulpa en rodajas y rociarla con el jarabe de jengibre. Dejar macerar y añadir las fresas, limpias y escurridas, al servir.

Fresas con nata

PARA 6 PERSONAS

500 g de fresas
1/2 l de nata líquida
2 cucharadas soperas de leche muy fría (o 2 cubitos)
el zumo de medio limón
80 g de azúcar

Lavar, escurrir y desprender los rabitos a las fresas. Después de pasarlas por un tamiz para obtener un puré fino, añadir el zumo de limón y mezclar. Montar la nata muy fría con la leche, añadiendo el azúcar poco a poco. La crema debe duplicar su volumen. Mezclar con un tenedor el puré de fresas sin batirlo. Decorar con fresas enteras y servir muy frío.

Leche granizada con fresas

PARA 2 PERSONAS

500 g de fresas olorosas
1/2 l de leche entera
50 g de azúcar en polvo
1 naranja sanguina

Lavar y escurrir las fresas, y desprender cuidadosamente sus rabitos. Hacer un zumo de naranja y verterlo sobre las fresas. Después de mezclar bien durante unos instantes, añadir la leche y el azúcar. Colocar la mezcla en la sorbetera durante 10 minutos y batir hasta que cuaje. Verter el preparado en dos vasos altos, decorados con un poco de azúcar cristalizado y una fresa cortada en dos. Servir inmediatamente.

Licor de fresas

1 kg de fresas
1 kg de azúcar
1 l de agua
1/2 litro de aguardiente
Vinagre rojo en cantidad suficiente

Se trata de un licor muy dulce y con una escasa graduación de alcohol. En una cacerola, preparar un caramelo con el azúcar y unas cucharadas de vinagre rojo, procurando que no se queme. A continuación añadir 1 l de agua. Cuando el líquido hierva, añadir las fresas y después apagar el fuego, dejando reposar. Al día siguiente, pasar las fresas por un tamiz con el fin de exprimir todo el jugo, añadir el aguardiente y después filtrar. Un consejo: se puede utilizar este licor para rociar los helados de limón y de vainilla.

Mousse de fresas

PARA 4 PERSONAS

500 g de fresas
2 claras de huevo
100 g de azúcar glas
40 cl de nata líquida

Limpiar las fresas y colocarlas en un cuenco. Preparar una crema chantillí con la nata y el azúcar glas. Montar las claras a punto de nieve hasta obtener una masa consistente. Mezclar la nata y las fresas e incorporar suavemente las claras a la preparación. Verter en copas individuales y dejar enfriar en reposo durante dos horas al menos en el refrigerador antes de servir. Se puede decorar con hojas de menta y fresas cortadas en dos.

Tarta de fresas

PARA 6 PERSONAS

325 g de harina
170 g de mantequilla
160 g de azúcar
1 huevo entero y 4 yemas
0,5 l y 2 cucharadas de leche
50 g de almendras peladas
2 docenas de fresas (aproximadamente)
1 pizca de sal
1 bolsita de azúcar a la vainilla
1 bolsita de vainilla en polvo
1 bolsita de levadura
corteza rallada de limón

Pelar y picar las almendras con una cucharada de azúcar para absorber el aceite.

En un recipiente, verter 260 g de harina tamizada y añadir 60 g de azúcar, 120 g de mantequilla fundida, un huevo entero, dos cucharadas de leche, las almendras peladas y trituradas, el azúcar a la vainilla, la levadura y la sal.

Trabajar cuidadosamente la masa y dejarla reposar durante 15 minutos, envuelta en un paño; luego, extenderla procurando que no quede demasiado fina y con ella forrar un molde untado con mantequilla y enharinado.

Dejar la masa en el horno unos 20 minutos a fuego medio. Durante este tiempo, preparar una crema pastelera con 65 g de harina, 50 g de mantequilla, 100 g de azúcar, 1/2 l de leche, cuatro yemas de huevo, la vainilla en polvo y la ralladura de un limón. Cuando la crema esté en su punto dejarla enfriar. Lavar cuidadosamente las fresas y cortarlas por la mitad.

Cuando la masa esté cocida, retirarla del horno y adornarla con una capa de crema pastelera y otra de fresas.

www.ingramcontent.com/pod-product-compliance
Lightning Source LLC
Chambersburg PA
CBHW062113090426
42741CB00016B/3407